PACKAGING
MODE
D'EMPLOI

PHILIPPE DEVISMES

PACKAGING MODE D'EMPLOI

DUNOD

A René DONNASSON,
*pour le savoir qu'il m'a
transmis lors de la réalisation
de cet ouvrage,*

et à Eléonore JANDRIN,
*pour sa collaboration et son
implication personnelle.*

PRÉFACE

Le **packaging** fait de plus en plus partie intégrante du produit, il est un des éléments de son **marketing**.

La cohérence visuelle entre le produit et la firme est capitale pour assurer la personnalité de celle-ci et en affirmer son **identité**.

On n'a jamais autant parlé de **marketing**. Mais qu'est-ce que le marketing ? Parmi les définitions qui en ont été données, la plus courte est : « Création de la demande ». Nous adoptons néanmoins la plus précise, celle du Professeur TERESI :

« Le **marketing** est l'ensemble des activités de l'Entreprise qui ont pour objet la création et la découverte des besoins des consommateurs ainsi que la satisfaction de ceux-ci ; avec les produits et les services qui, par leurs caractéristiques internes et externes, par leur prix et leur disponibilité dans le temps et dans les lieux demandés, peuvent offrir un ensemble d'avantages compétitifs qui assureront l'**achat répété** des consommateurs et la **profitabilité** de l'Entreprise ».

Aujourd'hui le **design** permet de maintenir et même de développer la notoriété et l'**image de marque** d'une société ou d'un groupe, en l'utilisant de façon cohérente sur les supports naturels de la communication dont les **produits** et leurs **packagings** sont les premiers **vecteurs**.

Pour être un parfait « **coordinateur-packaging** » il faut se rappeler que le packaging d'un produit est tout ce qui n'est pas le produit lui-même. Mais traiter le packaging, c'est impérativement prendre en compte sans les dissocier contenant et contenu, c'est-à-dire l'élaboration des matériaux, des technologies de fabrication du produit, des techniques de conditionnement, des procédés d'impression, etc. Il y a de nombreux métiers du packaging, du fabricant au vendeur et même au consommateur.

Le **marketing-packaging** intégrant le design n'a donné matière qu'à peu d'ouvrages et il n'est pas enseigné dans le monde universitaire.

Au terme de ma carrière professionnelle en 1989, j'ai rencontré Philippe DEVISMES au cours d'un séminaire qu'il animait, sur le thème « Maîtriser la réalisation de vos packagings de la conception à la fabrication ». Son discours m'a séduit par sa simplicité, sa clarté, ses qualités pratiques, techniques, et surtout par sa conviction.

Depuis des années c'était la première fois que j'entendais un jeune dirigeant d'Agence de Création parler de **créatif appliqué**, et ce avec foi et sérénité. En tant qu'initiateur du packaging au sein du groupe CASINO (grande distribution), j'ai apprécié cette approche.

Aussi ai-je répondu favorablement à sa demande de collaborer à son ouvrage et je le félicite pour ce précieux guide pratique de la création *« PACKAGING "MODE D'EMPLOI" »*, mis à la disposition de tous ceux, diplômés ou non, qui sont ou seront confrontés au « puzzle du packaging », exigeant : rigueur, minutie, coordination et surtout passion.

Afin d'ouvrir la voie aux créatifs, sachons que la création implique l'adaptation aux besoins des **consommateurs** donc des **marchés** et songeons que les **besoins insatisfaits des clients** sont sans aucun doute l'une des meilleures sources d'idées nouvelles.

René DONNASSON,

Diplômé EFP,
Responsable du Bureau Packaging
Groupe CASINO (1975-1990)

PLAN

Chapitre 4 - LA SOUS-TRAITANCE

1 Taille de l'entreprise et sous-traitance
2 Avantages et inconvénients
3 Les étapes que vous pouvez réaliser vous-même
4 Les étapes à sous-traiter
5 Le coordinateur packaging
6 Les critères de choix des sous-traitants

Chapitre 5 - COMMENT TRAVAILLER AVEC LES DIFFÉRENTS PROFESSIONNELS DU PACKAGING ET QU'ATTENDRE DE LEURS SERVICES

1 Savoir formuler sa demande
2 Sur quels critères sélectionner les prestataires de service ?
3 Travailler avec les professionnels du packaging
4 La livraison
5 La réalisation
6 Le contrôle

Chapitre 6 - LA MAÎTRISE DES COÛTS

1 Les devis
2 La facturation
3 Les budgets

CONCLUSION A LA BONNE RÉALISATION D'UN PACKAGING

FICHES TECHNIQUES

LEXIQUE

AVANT PROPOS

Huit nouveaux produits sur dix lancés chaque année sont considérés comme des échecs. C'est souvent à travers le packaging qu'il faut chercher les explications de ces résultats.

Lors des stages packaging que j'anime, j'ai rencontré de nombreux chefs de produits, directeurs du marketing ou directeurs commerciaux. Tous ont au moins deux points communs : la prise de conscience du rôle du packaging pour leurs produits, et la grande difficulté vécue au quotidien pour le réaliser.

Cet ouvrage se veut un guide pratique pour tous ceux et toutes celles qui ont à réaliser des packagings. Il n'a pas pour objectif de juger telle ou telle création, mais plutôt de donner les moyens et les méthodes nécessaires à chacun d'entre vous pour mener à bien votre projet.

La plupart des exemples présentés concernent des produits alimentaires ou de grande consommation : ce sont des produits à durée de vie courte, qui nécessitent une réflexion packaging approfondie, et peuvent de ce fait être considérés comme des cas difficiles. Les méthodes que nous développons sont transposables à tous les types de produits auxquels s'applique un projet packaging.

Cet ouvrage ne s'adresse pas seulement aux industriels mais aussi aux distributeurs, qui sont de plus en plus concernés par le packaging ; à travers les différents chapitres de ce livre, chacun pourra sûrement reconnaître et résoudre ses difficultés quotidiennes.

La plupart des chapitres sont appuyés d'une enquête réalisée auprès des directeurs du marketing, chefs de groupe et chefs de produits, de groupes industriels spécialisés en grande distribution ; ceci permettra à chacun de se situer par rapport au marché.

L'ambition de **PACKAGING « MODE D'EMPLOI »** est de vous faire devenir un véritable « chef d'orchestre packaging » et non un technicien. Considérez donc les chapitres comme autant d'outils, de méthodes et de façons d'approcher les difficultés que vous rencontrez.

En packaging comme dans d'autres domaines, il existe des grandes règles, mais chaque cas reste un cas particulier.

Vous trouverez à la fin de cet ouvrage le dictionnaire des mots couramment utilisés lors de toute réalisation packaging. N'hésitez pas à vous y référer, il vous aidera à mieux comprendre mais aussi à mieux vous faire comprendre.

Chapitre 1

INTRODUCTION AU PACKAGING

1. Les rôles du packaging

2. Les éléments à intégrer

3. Les contraintes de notre époque

4. Le plan de travail du créatif packaging

5. L'Europe et le marché des packagings

6. La communication à travers le packaging

Le marketing

Le marketing est l'ensemble des activités de l'entreprise qui ont pour objet la découverte ou la création des besoins des consommateurs, ainsi que la satisfaction de ceux-ci ; cette satisfaction passe par l'élaboration de produits et de services qui, par leurs caractéristiques internes et externes, par leur prix et leur disponibilité dans le temps et dans les lieux demandés, peuvent offrir un ensemble d'avantages compétitifs qui assureront l'achat répété des consommateurs et la profitabilité de l'entreprise.

Plus simplement, le marketing, ce n'est pas vendre ce que l'on fabrique, mais fabriquer ce que l'on peut vendre.

Le packaging

Le packaging, emballage du produit, est à la fois un contenant et un media, qui doit véhiculer le produit mais aussi en communiquer les caractéristiques et l'identité uniques.

Ultime enveloppe et ultime message du produit, son élaboration doit répondre aux besoins des consommateurs, et son action doit s'inscrire dans une stratégie marketing.

> **Considérez-vous le packaging comme un média ?***
> **oui : 95,4 %   non : 4,6 %**

Autrefois, dans le domaine alimentaire, la plupart des marchandises étaient traitées en vrac. Elles arrivaient du producteur au distributeur, qui les revendait directement à partir de balles, de cartons, de caissettes en bois, de sacs de jute. Une feuille de papier roulée en cornet, un sachet, voire un morceau de journal, suffisaient à l'épicier pour envelopper les produits vendus, sans que figurent ni sa marque, ni celle du fabricant.

Ces packagings étaient simples, sobres, pratiques et assuraient la protection des articles, les isolaient les uns des autres pour permettre à la ménagère de les acheminer jusqu'à son domicile. Là, elle procédait à leur rangement dans divers récipients de verre, de métal, ou autres.

De nos jours, le développement du libre service, de la grande distribution, de la concurrence des marques, de la chaîne du froid, et des medias publicitaires a modifié les principes de vente. Les conditionnements et les packagings sont devenus des « vendeurs silencieux » et d'autant plus éloquents que la reconnaissance des produits dans leurs rayons s'avère rapide et facile.

Par leur puissance d'attraction visuelle, ils provoquent la vente tout en protégeant le produit contre les facteurs d'agression internes, externes, et maintiennent sa qualité jusqu'à son utilisation. Chaque graphisme signe l'image de marque de la firme qui distribue, identifie le fabricant ou le distributeur, et permet sa reconnaissance dans l'immense panorama multicolore et provocateur qu'offrent les étalages des grands magasins.

En effet, les packagings ont dans la distribution un rôle incontestable et important, dont on ne cerne pas toujours les différents aspects.

1.   Les rôles du packaging

Du conditionnement à la consommation, le packaging doit être à la fois protecteur, informatif, vendeur, etc. Or, définir ce qu'est un packaging n'est pas chose aisée : la notion de packaging n'est pas la même suivant qu'il s'agit

---

* Étude réalisée auprès de groupes industriels spécialisés en grande distribution, par questionnaire écrit adressé aux directeurs marketing, chefs de groupe et chefs de produit, mars 1990.

d'emballer un produit durable, semi-durable, périssable, de grande consommation, etc. Cela se complique si l'on considère l'aspect physico-chimique : solide pâteux, liquide, agressif, gras, etc.

Les packagings doivent être adaptés à chaque produit pour assurer leur protection contre les aléas internes et externes, leur conservation jusqu'à l'utilisation par le consommateur, leur maniabilité tant au niveau des manutentions que des transports et du stockage, leur bonne préhension et leur parfait usage pour le consommateur, leur conformité vis-à-vis des législations en vigueur.

Ils doivent intégrer des éléments disparates pour satisfaire tous les partenaires de la chaîne de distribution :

- le packaging unitaire dit primaire est conçu pour le linéaire du distributeur, pour l'acheteur et le consommateur final. Il assure la protection, la présentation, la conservation du produit pour sa durée de vie ;
- le packaging de groupage ou de vente est particulièrement adapté au distributeur et à sa mise en place dans le linéaire, car il regroupe un certain nombre de conditionnements primaires et forme une unité de vente dont la présentation, l'aspect publicitaire et le pouvoir vendeur sont améliorés ;
- le packaging de manutention ou de transport qui, par l'adjonction de systèmes de préhension, regroupe plusieurs packagings de vente et favorise la réduction du nombre de colis, la facilité de manutention pour le transporteur, parfois même la présentation directe en magasin (box-palettes).

Il est donc clair que pour chaque produit il n'y a pas un packaging mais plusieurs ; et, dès le départ, il y a lieu de penser au produit et aux packagings successifs qui l'accompagneront et qui lui permettront d'arriver en parfait état à l'utilisateur final.

Pour concevoir un bon contenant adapté aux rôles qu'il joue vis-à-vis du produit et des différents partenaires – producteur, transporteur, distributeur, consommateur –, il importe de prendre en compte à la fois les impératifs du contenu, du matériel, des conditions de stockage et de transport, du circuit de distribution, de la présentation en magasin, des besoins et habitudes des clients en allant même jusqu'à l'agencement dont ceux-ci disposent au niveau de leur habitat.

2. Les éléments à intégrer

Avant d'étudier un packaging, qui sera toujours plus ou moins onéreux, il convient de déterminer s'il est vraiment nécessaire, et d'envisager le rapport de prix entre le packaging et le produit à emballer. Les impératifs commerciaux, légaux, techniques, esthétiques et économiques qui guident le concepteur découlent d'une analyse exhaustive des paramètres à intégrer pour réaliser un ensemble-packaging réussi.

2.1 Impératifs commerciaux

- Caractéristiques du produit : création d'un produit ou modification d'un produit déjà existant.
- Connaissance du marché et de la concurrence : français et/ou export.
- Profil de la clientèle à toucher, mode de distribution, notoriété.

2.2 Impératifs légaux

- La marque : recherche d'antériorité et dépôt.
- Respect du graphisme de la marque.
- Les textes : mode d'emploi, ingrédients, date de consommation, mentions adresses, code préemballeur, etc.
- La symbolisation code à barres EAN 13 : respect des couleurs pour contraste de lecture, positionnement, etc.

2.3 Impératifs techniques

- Choix du ou des matériaux.
- Examen des formats standards (le « personnalisé » coûte cher).
- Contraintes des outils de production du fabricant.
- Exigences de manutention et de rangement.

2.4 Impératifs esthétiques

- Étude de la forme du packaging.
- Étude des décors des divers packagings : unitaire, groupage, dont découleront le nombre de couleurs, les procédés d'impression.

- Identification visuelle de la firme par le logotype de la marque et choix des couleurs de la gamme packaging.

2.5 Impératifs économiques

- Tous les paramètres étant respectés, viser le meilleur rapport qualité-prix par rapport à la valeur du produit, pour un prix de vente optimal.

3. Les contraintes de notre époque

L'influence des grandes problématiques actuelles, consumérisme, énergie, économie de matière, pollution, recyclage des matériaux ou biodégradabilité, législation, sources d'approvisionnement, etc., fait que le packaging n'est plus l'accessoire dont on se préoccupe en dernier lieu.

Le packaging doit maintenant tenir compte des mutations sociales, économiques et culturelles de notre époque. De nouveaux matériaux, de nouvelles formes, d'autres couleurs s'imposent à notre regard, dans tous les domaines, à tel point que l'on parle de plus en plus d'esthétique industrielle. Il est difficile voire regrettable d'éluder ce point lors de la conception d'un packaging. La collaboration entre responsables de l'entreprise et spécialistes extérieurs est alors très fructueuse car ces derniers font en permanence de la recherche (matériaux, formes, couleurs, etc.). Pour ces professionnels, le conditionnement fait partie intégrante de la communication. Il parle, lui aussi, de l'entreprise.

3.1 Une nouvelle démarche packaging et quelques exemples

La création d'un packaging quel qu'il soit nécessite aujourd'hui la mise en œuvre d'une méthode permettant à la fois de recenser toutes les données du problème, d'apprécier chaque solution en fonction des exigences de ces données, et d'en évaluer les interactions. Cette méthode, c'est le concept global du packaging, venu des USA et qui fait aujourd'hui son apparition en Europe, surtout dans les pays anglo-saxons, mais également en France.

Cette méthode fait essentiellement appel au bon sens mais exige aussi la connaissance de tous les éléments de base. Elle insiste beaucoup sur la nécessité de « remettre en cause » car, souvent, une légère modification peut avoir une influence bénéfique en rajeunissant un produit, en animant une gamme et en permettant de toucher d'autres groupes de consommateurs.

Les points-force de cette nouvelle démarche se retrouvent dans quelques produits de grande consommation.

- Un conditionnement doit s'adapter aux changements sociologiques. Exemples : les produits Yves Rocher, longtemps symbolisés par les couleurs verte et blanche, ont changé d'habillage (cf. gamme « Cérélis ») pour suivre l'évolution en âge de leurs clients ; les thés Éléphant ont complètement modifié leurs décors et couleurs pour séduire une clientèle plus jeune.

- Le conditionnement doit exprimer la vérité Produit. Exemple : pour les « Liégeois » de Danone, le conditionnement met l'accent sur la spécification du produit avec une fenêtre sur le pot et sur les matières qui le composent (crème parfumée et crème fouettée).

- Le conditionnement doit permettre avant tout au produit d'être identifié. Même un rajeunissement de la marque ne doit pas égarer le consommateur. Exemple : le travail réalisé pour Orangina qui a adapté un conditionnement d'il y a 20 ans aux années 80.

- Le conditionnement doit respecter le code de la marque. Exemple : la modernisation de Lustucru qui, tout en gardant le sigle et le damier, a animé le conditionnement par des photos et des images.

- Le conditionnement peut combler une absence de publicité. Exemple : les conditionnements très originaux des aérosols Pur Odor (qui pastichent des titres de la presse française) ont eu une action extraordinaire sur les ventes.

> *La règle des 4 S :*
>
> *Les exigences des consommateurs des années 90 :*
>
> *Santé, Saveur, Service, Sécurité.*

Nous citons aux pages suivantes quelques extraits de « Le pack » de BSN Emballage, qui propose une analyse intéressante de la méthodologie packaging.

3.2 Fonctions du packaging

Le packaging doit, pour être réellement performant, remplir plusieurs fonctions indissociables les unes des autres. « Le pack » de BSN Emballage les définit et les présente comme suit.

7 fonctions :	*2 fonctions techniques*
	5 fonctions marketing

A - Fonctions techniques

1. Conservation : compatibilité contenant/contenu directement liée au packaging primaire, aspect de garantie alimentaire : choix des matériaux et de leurs spécificités.

2. Distribution : liée aux packagings secondaires et tertiaires, regroupement, transport, présentation sur les lieux de vente.

B - Fonctions marketing

1) Alerte : attraction exercée sur le consommateur (couleurs, codes visuels, forme, matériaux, etc.).

2) Attribution : connotation immédiate à un univers de référence de produit. On parle de l'univers du produit (univers de la lessive, de la beauté et de l'univers de la marque comme Ajax, Lesieur, etc.).

3) Information : légale, informative, spécifique d'usage, etc.

4) Positionnement : expression du produit en relation avec sa qualité, son prix, sa cible, sa personnalité en induisant des perceptions psychologiques telles que sécurité, performance, etc.

5) Service : lié au stockage, transport, rangement, commodité d'utilisation.

4. Le plan de travail créatif packaging

4.1 Rédaction de la toile de fond *

La toile de fond est le résumé synthétique de tous les éléments clés de la stratégie marketing.

(*) Source : « Le Pack », BSN Emballage.

Ce tableau fait office de garde-fou tout au long de la phase créative. Toute création non stratégique peut ainsi être immédiatement écartée. En effet, chaque partie de la toile de fond est un extrait exact de la stratégie marketing.

Positionnement du produit

C'est la définition exacte du concept produit. Il s'exprime de la manière la plus concise et spécifique possible en fonction des attentes de la cible, de la réalité du produit, de la concurrence.

Cible consommateurs

Elle précise les décisionnaires qu'ils soient acheteurs et/ou prescripteurs forts : c'est un choix. Elle se définit par des critères démographiques, d'usages et d'attitudes psychologiques (life style/mind structure).

Cible distributeurs

C'est un résumé de la stratégie distribution : quelle est la distribution, principaux canaux, politique linéaire, etc.

Source de profit

Ce sont les produits auxquels ceux de l'Entreprise prendra les parts de marchés. Il est utile de les nommer en les hiérarchisant.

Contraintes impératives

Une contrainte n'est pas une recommandation. C'est une nécessité impérative d'ordre technique, légal, médical, financier, etc.

4.2 Hiérarchie des fonctions

Pour que le message packaging soit parfaitement cohérent, il faut établir des priorités entre les objectifs qui lui sont assignés. En effet, vouloir tout dire avec la même force revient à ne rien communiquer. **Un message packaging qui n'est pas structuré en termes de choix et de priorités est affaibli et perd son impact.**

4.3 Détermination des objectifs, de la promesse et des contraintes liés à chaque fonction

Pour chacune des fonctions du packaging, et dans l'ordre de la hiérarchie établie, il convient de déterminer comment la fonction doit répondre au problème posé.

4.4 Rédaction de la stratégie packaging

Il s'agit à présent de reprendre les objectifs, la promesse et les contraintes liés à chaque fonction et ce, bien entendu, selon la hiérarchie établie.

4.5 Acceptation du plan de travail créatif packaging par les différents interlocuteurs packaging

Le plan de travail créatif packaging est alors communiqué aux différents interlocuteurs packaging qui sont les responsables du projet en développement, pour être soumis à leur approbation.

Le plan de travail créatif packaging ainsi rédigé constitue le coeur du brief exposé aux différents partenaires chargés de réaliser effectivement le nouveau packaging.

5. L'Europe et le marché des packagings

Vous êtes-vous intéressé aux packagings européens concurrents aux vôtres ?

oui : 92,1 %   *non : 6,2 %*

Ne se prononcent pas : 1,7 %

Le marché international du design a progressé ces dernières années de 30 % à 40 % par an en moyenne. Dans ce contexte, le marché européen représente un tiers du marché mondial, soit environ 20 milliards de francs. D'ici 1992, ce chiffre pourrait atteindre 40 milliards. Le marché britannique, représentant 10 milliards de francs et progressant de 50 % par an est l'un des plus avancés du monde. Plus modeste et plus en retard, le marché français représente 1,7 milliard de francs. Il est appelé à se développer considérablement dans les prochaines années.

On note l'émergence d'un design spécifiquement européen, caractérisé par un style nouveau. Face au design américain ou japonais, désormais reconnus, le design européen s'impose ainsi peu à peu comme une composante à prendre en compte au niveau international.

Le marché français comprend 300 agences de création spécialisées, avec chaque année de nombreuses nouvelles sociétés. Le marché du design étant relativement nouveau en France (environ 25 ans), la demande des industriels l'est aussi. C'est un marché très important et en plein développement, où chacun doit pouvoir trouver le partenaire idéal.

5.1 Packagings européens, de 1990 à l'an 2000

Deux grands pays sont des indicateurs des évolutions en matière de packaging : le JAPON et les U.S.A. Un troisième bloc, l'EUROPE, se singularisera par son tempérament à la fois créatif et commercial (bassin méditerranéen), son pragmatisme et sa puissance monétaire (l'Europe du Nord).

Les progrès technologiques ont sur les packagings les conséquences principales suivantes :

- diminuer le coût des packagings ;
- mieux s'adapter à la durée de vie des produits ;
- mieux convenir aux consommateurs de par leur praticité, préhènsion, emploi fractionné, etc. ;
- aller vers l'interchangeabilité des matériaux pour un même produit ;
- élargir le choix des matériaux sur tous les marchés avec possibilité de substitution et de coexistence de plusieurs matériaux sur un même marché.

L'interchangeabilité « tous matériaux, tous marchés » permet surtout d'utiliser le matériau comme un facteur d'innovation et de segmentation du marché.

La législation en matière de packaging sur le plan européen concerne trois aspects :

- la comptabilité contenant/contenu ;
- la standardisation des formats ;
- la protection de l'environnement (réduire le tonnage et/ou le volume du packaging jetable après usage, augmenter la quantité de packagings retournables et recyclages). Il pourra être intéressant à ce sujet de

consulter l'ouvrage *Sauvons la planète*, de H. Girardet et J. Seymour, Édition Hachette.

5.2 Stratégie packaging européenne : contraintes et solutions

L'ouverture des frontières de l'Europe impose à la plupart des industriels une stratégie packaging européenne.

Quelles en sont les contraintes ?

- Un packaging en plusieurs langues, avec un visuel à travers lequel l'ensemble des européens pourront se reconnaître ou reconnaître leur mode de vie.
- Un packaging d'une contenance et d'un volume correspondant aux habitudes de consommation et de vie de chacun.
- Un packaging avec un positionnement et une fonction produit équivalents quel que soit le pays.

La cible étant subitement élargie, le message choisi pour intéresser tout le monde va perdre en efficacité. Il sera donc nécessaire de le tester, afin de le mettre en harmonie.

Quelles sont les solutions ?

Surtout ne pas choisir la solution de facilité, qui consiste à réaliser un packaging indépendant en termes d'image et de segmentation pour chaque pays. Il est recommandé de créer une image commune, qui sera la meilleure harmonie possible des sensibilités et des cultures propres à chaque pays.

La marque devra avoir une résonance positive dans chaque pays, et plus difficile encore, être déposable dans chacun des pays européens.

Les textes informatifs figurant sur le produit devront obligatoirement être traduits dans la langue du pays de distribution, et doublés en langue anglaise pour tous les pays. Un maximum de deux langues par packaging est conseillé, afin de ne pas détruire l'image visuelle du produit par une surcharge d'informations. Il est possible dans certains cas de prévoir un double facing qui, à partir de la même image, présentera sur chaque face le texte dans une langue différente.

Il est possible de prévoir exceptionnellement deux langues par face. Cette dernière solution n'est à retenir qu'en cas d'impératifs budgétaires visant à imprimer le minimum de packagings différents.

Dans les cas où vous apposerez plus de 2 langues par packaging, il ne sera alors plus possible d'envisager une signature packaging ou une promesse produit, car celle-ci traduite en plusieurs langues encombrerait le packaging plutôt que de renforcer son impact. La solution idéale consisterait à remplacer l'ensemble des textes par des images (style pictogrammes). Ceci s'avère être un exercice de style difficile et rarement réalisable pour l'ensemble des textes. Cette possibilité devra toutefois être explorée, mais il sera nécessaire de tester la compréhension des différents pictogrammes auprès des futurs consommateurs.

La législation de chacun des pays devra bien sûr avoir été prise en considération ; vous pouvez vous procurer les textes se rapportant à votre catégorie de produit auprès des différentes ambassades présentes en France.

Une stratégie de packaging internationale sera construite sur les mêmes règles que pour l'Europe.

6. La communication à travers le packaging

10 principes pour une bonne communication

① La meilleure façon d'être entendu est d'avoir quelque chose à dire en terme de bénéfice consommateur. Une nouveauté réelle, une réelle amélioration ou un avantage vraiment compétitif sont les meilleures cartes pour une forte communication.

② La notoriété de l'annonceur ou de la marque est un facteur puissant. Ce qui est familier possède toujours, au départ, un avantage sur ce qui est inconnu, pour la bonne raison que les notoriétés solides ont été construites lentement et entretenues avec un soin jaloux.

③ On ne peut pas être tout pour tout le monde. La plupart des bons packagings s'adressent à des gens en particulier, ayant des intérêts particuliers.

④ La marque doit être parfaitement identifiée. Un produit dont les qualités vous intéressent, mais dont vous ne pouvez pas vous rappeler le nom, a raté son coup, aussi complètement que si ses qualités vous laissaient froid.

⑤ Être bref est en général une qualité mais pas toujours. Un message bref qui n'en dit pas assez à celui à qui il s'adresse pour éveiller son intérêt ne fait pas long feu.

⑥ On prêche mal dans le désert. Il faut attirer l'attention. Quand vous l'attirez d'une façon qui a un rapport direct avec votre message, c'est le message dont on se souvient et pas seulement la façon de le dire.

⑦ Chaque fois qu'on peut y arriver, une démonstration claire est une communication forte (c'est un des grands avantages de la télévision pour certains produits ou certaines explications).

⑧ La crédibilité est nécessaire. Vous pouvez y prétendre par l'évidence de votre propos, et non par la vantardise et l'exagération. La crédibilité demande de la mesure.

⑨ Organisez, simplifiez, classifiez. Faites en sorte que le consommateur touché et susceptible d'être intéressé ne puisse pas ne pas comprendre.

⑩ Répétez. La plupart des gens que vous voulez atteindre n'étaient pas là la première fois, ou ils étaient distraits, ou encore ils n'ont vu qu'une partie de ce que vous vouliez montrer, ou ils l'ont oublié (P.L.V., T.V., affichage, etc.).

Chapitre 2

LES FORCES EN PRÉSENCE

1. Les industriels
2. Les distributeurs
3. Les professionnels du packaging
4. Les consommateurs

1. Les industriels

> Avez-vous reçu une formation packaging lors de vos études ?
>
> oui : 4,6 %   non : 95,4 %

Le packaging a longtemps été pour les industriels un simple moyen de différenciation de leurs produits par rapport à ceux de leurs concurrents.

Il est devenu aujourd'hui un véritable support de communication ; son efficacité est d'autant plus nécessaire que l'environnement concurrentiel devient à la fois plus dense et plus créatif.

Le packaging est l'image indispensable pour faire la liaison entre la communication globale qui amène le produit au consommateur, et le packaging, qui amène le consommateur au produit.

Toute campagne de publicité est aujourd'hui signée par le packaging du produit, symbole de reconnaissance pour la marque.

De plus, le dynamisme des distributeurs concernant leurs produits à marque incite les industriels à se surpasser en matière de réalisation packaging. En effet, les packagings des produits à marque distributeur sont aujourd'hui de plus en plus sophistiqués sur le plan graphique, tout en s'intégrant de mieux en mieux dans l'univers des marques. On remarque qu'ils deviennent de plus en plus novateurs et qualitatifs, avec des images souvent positionnées haut-de-gamme, et des prix de ventes consommateurs comparables à ceux des marques.

Ces packagings à marque distributeur permettent d'obtenir des progressions de volume des ventes assez considérables, tout à fait imputables au packaging lui-même, car aucune communication n'est établie autour des produits par la plupart des distributeurs ; ces résultats ont pu conforter à leurs dépens les industriels ayant encore des doutes sur la rentabilité d'un investissement packaging.

Si les grands groupes industriels ont compris l'enjeu d'un bon packaging pour leurs résultats commerciaux, les PME PMI commencent tout juste à s'en préoccuper. L'une des raisons semble être la minimisation de son importance, mais aussi dans la plupart des cas le frein des a priori concernant le coût ou la complexité du changement.

COMPORTEMENT DES INDUSTRIELS

> *Votre direction générale est-elle suffisamment cons-*
> *ciente de l'enjeu marketing que représente la bonne*
> *réalisation d'un packaging ?*
> *oui : 93,8 %   non : 6,2 %*

De nombreux projets packagings n'aboutissent jamais, car en effet il y a toujours de bonnes raisons de ne pas entreprendre certaines études et réalisations comportant des risques. La capacité des entreprises à prendre ces risques est sûrement la valeur la plus précieuse, en packaging comme ailleurs ; elle s'est souvent illustrée par le succès : « Les authentiques » de Miko, avec un bac de couleur noire, les produits au bifidus dans des packagings bleus, etc.

Combien de packagings pouvant laisser présager des résultats et un positionnement produit remarquables ont été corrigés et modifiés, afin d'obtenir un résultat d'image qui n'est qu'un compromis des impératifs et exigences de chacun.

Il est souhaitable pour les industriels de ne pas présenter de projets en matière de packaging aux distributeurs dans le but d'obtenir leur avis ; en effet, si ceux-ci ne formulent pas à son égard des remarques positives, et si vous décidez de ne pas en tenir compte, parce qu'elles ne se recoupent pas avec d'autres, il vous sera encore plus difficile de leur « imposer » par la suite le référencement de votre produit.

2. Les distributeurs

> *Vos clients distributeurs se sentent-ils d'après vous*
> *concernés par vos préoccupations en matière de*
> *packaging ?*
> *oui : 62,5 %   non : 31,3 %*
> *ne se prononcent pas : 3,1 %   parfois : 3,1 %*

Plus de produits libres, de plus en plus de produits à marque distributeur ou marques diverses; les packagings des leaders sont de moins en moins copiés au profit de créations originales, qui s'intègrent malgré tout dans l'univers du rayon.

LE PROFIT DIRECT PAR PRODUIT

La distribution par le développement des magasins libre-service dans la période des années 1970 à 1980 a largement contribué au développement des packagings. Le packaging est devenu « le packaging vendeur » et de ce fait il a pris toute sa dimension. Aujourd'hui c'est le qualitatif qui prime sur le quantitatif de la précédente décennie : performances logistiques, marketing, prix (innovation), protection de l'environnement. Pour atteindre les résultats escomptés, un outil remarquable a fait son apparition : le PDP (profit direct par produit).

QU'EST-CE QUE LE PDP ?

Le PDP est la mesure la plus précise de la rentabilité car elle intègre tous les composants du prix d'achat (ristourne, marge, remise sur facture, etc.), tous les coûts supportés pour traiter un article depuis sa réception (entrepôt, magasins, etc.) jusqu'à sa sortie.

LE PDP POUR QUOI FAIRE ?

- Déterminer correctement les prix de vente.
- Mieux identifier les articles.
- Évaluer la variété des produits en comparant les performances des articles voisins, et en mettant en évidence les cas où la profondeur de l'assortiment est rentable ou pas.
- Déterminer ou réajuster le linéaire de chaque famille avec plus de chances de profit que sur la marge brute.
- Déterminer des actions spécifiques permettant d'améliorer le profit global sur de bons produits et de diminuer les pertes sur les moins bons.

De plus, le proche avenir dans la grande distribution est l'automatisation de fait :

- l'ordinateur et sa périphérie informatique,
- la saisie optique par code à barres,
- les systèmes (PDP, Apollo, Epsilanne, etc.),
- la vente électronique,
- les banques de données (CB, cartes privées, etc.),
- la communication : minitel, téléphones, bornes électroniques, vidéo, etc.

COMPORTEMENT DES DISTRIBUTEURS

Les distributeurs, à la sortie d'un nouveau produit, se trouvent confrontés à un problème de stratégie, car, selon leur politique de vente, ils ne distribuent que les produits de marque fabricant ou bien que leurs marques distributeur, ou bien un mix des deux.

Si l'enseigne distribue sa propre marque distributeur en concurrence avec des marques fabricant, selon la montée en charge des produits, le distributeur créera son produit, son packaging, comme sa marque, en ayant soin, dans la plupart des cas, de se situer dans le même univers que les produits leaders, tout en recherchant un produit de qualité équivalente, avec si possible un plus produit (ouverture facile, poignée de transport, etc.), et ce à moindre coût.

En effet, il aura à compenser un différenciel d'image par rapport à un produit étalon connu et reconnu du fait de sa médiatisation au travers de sa communication.

Le distributeur alors orientera son merchandising en recherchant le juste équilibre pour faire cohabiter les deux packagings, étant entendu que les parts de marché conquises par son produit à marque distributeur lui permettent de dégager un profit souvent supérieur, d'où l'importance de la place en linéaire qu'il lui accorde.

3. Les professionnels du packaging

Les professionnels du packaging sont nombreux, et chacun d'eux peut intervenir à différents niveaux de la réalisation d'un packaging. Vous pourrez traiter avec :

- les cabinets d'études et tests ;
- les agences de publicité ;
- les studios de création publicitaire ;
- les agences de création packaging ;
- les photograveurs ;
- les imprimeurs/transformateurs/emballeurs ;
- les sociétés de recherche de marque ;

- les concepteurs rédacteurs ;
- les spécialistes en recherche volume packaging.

Il vous sera nécessaire pour les choisir de mieux les connaître (Cf. chapitre 5 : Travailler avec...).

QUEL SERVICE APRÈS-VENTE POUVEZ-VOUS ATTENDRE ?

Le service après-vente se traduit tout d'abord par l'intérêt que vont porter vos fournisseurs aux performances commerciales de votre produit. L'agence doit notamment montrer son intérêt à l'égard des questions suivantes :

- le produit a-t-il été compris par ses destinataires ?
- le message que vous avez souhaité transmettre est-il parvenu ?
- vos objectifs commerciaux sont-ils remplis ? etc.

Le fait pour votre agence de création de se poser toutes ces questions, est pour elle le moyen idéal de comprendre toutes vos attentes concernant les travaux futurs, et doit lui permettre d'en tirer des enseignements personnels par rapport à la façon de travailler avec votre entreprise, mais aussi pour sa propre organisation interne.

Ce constat ne doit pas se faire que sur des travaux ayant présenté des difficultés. En effet, il est intéressant d'analyser les causes d'un problème pour pouvoir l'éviter dans l'avenir, ainsi qu'il est intéressant d'analyser ses succès pour pouvoir et savoir les reproduire.

Le service après-vente peut se traduire aussi par un retirage de votre packaging, avec quelques modifications éventuelles.

Une marque d'intérêt, même si elle s'apparente à une action commerciale, et sauf dans les cas où elle ne serait que superficielle, est le meilleur service après-vente que puissent vous assurer vos fournisseurs.

4. Les consommateurs

> Connaissez-vous le comportement global des consom-
> mateurs face à un nouveau packaging ?
> oui : 61 %   non : 31,2 %
> ne se prononcent pas : 7,8 %

> Avant toute réalisation packaging, demandez-vous l'avis
> du consommateur sur ses attentes en la matière ?
> oui : 57,8 %   non : 34,3 %
> parfois : 7,8 %

4.1 Comment déterminer leurs attentes

Il existe deux méthodes pour mesurer et comprendre les attentes des consommateurs :

- la méthode quantitative (pour mesurer) ;
- la méthode qualitative (pour comprendre).

Nous développerons en détail ces deux méthodes au chapitre « Études d'impact : les pré-tests packaging ».

Ces études doivent être confiées à des sociétés spécialisées. Si un salarié de l'entreprise se voit confier pour mission de réaliser lui-même ces deux études, il lui sera fortement nécessaire de s'entourer des conseils de spécialistes.

Au-delà de ces deux méthodes, il en existe une moins coûteuse, qui consiste tout simplement à essayer de se mettre à la place des consommateurs ou utilisateurs, en consommant soi-même le produit, ou en le faisant consommer par ses proches. Dans ce cas, seules les réactions de bon sens et spontanées concernant l'utilisation ou l'image du packaging pourront être prises en compte. Les conclusions de cette démarche conduisent souvent à tirer de grands enseignements sur les attentes et les appréciations des consommateurs.

Il est de toute façon inconcevable de réaliser un packaging sans connaître les attentes de la cible concernant le produit.

4.2 Leurs habitudes et leurs exigences

Indépendamment de leurs attentes, les utilisateurs ont des habitudes de vie qui sont des points sensibles dont il faudra tenir compte.

Le comportement des consommateurs est influencé par les évolutions sociales et les modes de vie :

- structure de la famille : couple, monoménage, avec ou sans enfant, etc. ;
- mentalités évoluant vers des activités sportives, intellectuelles, loisirs, jeux, etc., une importance moindre étant donnée à l'alimentation ;
- au sein de la famille, l'autonomie est de plus en plus grande et la déstructuration de la cellule familiale a pour incidence le décalage des heures de repas entre ses différents membres, qui souhaitent de plus en plus de portions individuelles et des nourritures faciles à préparer, même prêtes à consommer ;
- demande accentuée de produits frais avec des dates limite de vente de 15 à 20 jours mais pouvant aller jusqu'à 6 mois ;
- recherche par le consommateur de produits bien équilibrés avec des informations claires, en particulier sur l'utilisation, le mode de préparation et la limite de consommation ;
- de plus en plus les femmes travaillent, et emploient de moins en moins de gens de maison ;
- 40 % des acheteurs en grandes surfaces sont des hommes qui ne voudront pas passer plus de 20 à 30 minutes dans un magasin pour s'approvisionner ;
- entre 6 et 15 ans les enfants préparent leur repas eux-mêmes, ce qui implique des informations renforcées et des produits dits de sécurité.

Ainsi de nouvelles habitudes de se nourrir se développent :

- le gresing (picorer) ;
- le snack-food (restauration sur le pouce) ;
- la nourriture dans la voiture ;
- la nourriture facile : consommation dans le packaging ;
- la nourriture prête à consommer ;
- la nourriture dite « ouvrir, tordre, presser, verser » de packaging souple du type sauces, ketchup, mayonnaise, etc.

Tous ces éléments impliquent un fort impact des packagings pour :

- une reconnaissance rapide ;
- le souci de l'hygiène et de la sécurité (packagings aseptiques, invio-

lables, avec témoin de respect de la chaîne du froid (par indicateurs coloriels), bouchage de sécurité pour enfants) ;

– la préoccupation écologique (exemple : aérosols).

4.3 Conséquences sur la conception du packaging

La Betty-Crockers (*) sur une enquête significative de 2 000 personnes en 1988 fait ressortir les plaintes suivantes.

A - Plaintes des consommateurs sur les packagings

27 % : packaging difficile à ouvrir.

24 % : manque de sécurité du conditionnement au niveau physique et du point de vue santé (problème de migration des plastiques notamment). De ce fait besoin de sécuriser par marchés-tests.

21 % : packaging non à l'abri de l'effraction d'où souhait d'indicateur d'inviolabilité.

20 % : durée de conservation trop longue.

14 % : packaging non recyclable ou non biodégradable.

13 % : packaging insuffisamment rempli (tromperie).

11 % : packaging physiquement abîmé (choc ou insuffisamment protégé), ce qui note un souci de la présentation des produits.

Parallèlement à cette enquête, la source Nielsen révèle que 2 % seulement des consommateurs mécontents se plaignent, et que 30 % ne renouvellent pas leur acte d'achat.

La réaction des Américains, qui ont un sens très ouvert du dialogue, a provoqué la généralisation d'un numéro vert pour le packaging, afin de mieux cerner les réclamations des consommateurs et surtout de mieux connaître leurs préoccupations. On relève déjà ce qui plaît aux consommateurs américains :

– assurance de sécurité ;

– indicateurs d'inviolabilité et de maintien de la chaîne de froid ;

(*) Source : Pierre J. LOUIS, International Packaging Club.

- informations claires sur les produits, notamment : utilisation, température de chauffe, etc. ;
- indication du réchauffage dans les deux types de four : traditionnel et micro-ondes (230° C, ce qui implique des packagings appropriés, surtout en polyester cristal résistant à haute température).

Car les consommateurs réclament :

- des graphismes simples : logos, pictogrammes, c'est l'identification visuelle qui prime sur la lecture de textes ;
- des produits « convenience » : variété des formats, facilité d'usage, de consommation, de transport, de rangement, etc. ;
- des informations claires surtout bien en évidence pour les dates limite d'utilisation optimale ;
- des lieux de ventes organisés par segmentation pour un même produit par exemple :
  - secteur des produits « parts individuelles »,
  - secteur des produits « tout pour micro-ondes »,
  - secteur des produits « enfants »,
  - secteur des produits « personnes âgées », etc.

LES COMPORTEMENTS DES CONSOMMATEURS FACE A UN NOUVEAU PACKAGING

Faute de temps, le consommateur achète plus par réflexe visuel que par analyse détaillée de l'image que vous allez lui présenter. Toutefois si votre produit répond réellement à un besoin ou à un positionnement original, il retiendra sûrement son attention.

Comme pour toute nouveauté, attendez-vous à une période de découverte en magasin, car en effet l'image familière d'un produit ne peut que favoriser ses ventes. De ce fait, il sera dangereux en cas de lifting ou modification de packaging de produits existants, de modifier de façon perturbante cette image visuelle.

La motivation d'achat des consommateurs passe par le packaging et ses signes de communication, car ce sont ces éléments qui vendent le produit. Or, ils touchent directement l'intimité, le psychique du consommateur et le produit se situe alors par rapport :

– au lieu de vente : qualité, confiance, sécurité, protection, par rapport à l'intrusion possible d'autres clients (inviolabilité) ;

– au moment de sa consommation :
  - individuelle : démarche solitaire, produit acheté pour soi ;
  - en groupe : valeur esthétique (faire plaisir aux autres) ;
  - dans le packaging : pratique et intime ;
  - sans packaging : réduit au fonctionnel ;
  - avec le packaging : celui-ci est présent au moment de la consommation, il se doit d'avoir une connotation affective.

Il faut donc affirmer que le produit ne vit que par le packaging et que seul le secteur packaging permet de créer une dynamique de marché.

Règle des 4 S :

Santé (sveltesse, ligne)

Sécurité (souci d'hygiène et de sécurité)

Service (praticité d'usage)

Saveur (monde du sens gustatif à retrouver)

Règle des 4 C :

Conservation (impeccable)

Commodité (totale)

Communication (attractive)

Coût (modique)

Chapitre 3

LE PACKAGING DANS LE MARKETING MIX

Qu'est-ce que le marketing mix ?

Pour mettre en vente un produit, il faut impérativement mettre en œuvre toutes les composantes liées au contenant, au contenu, aux technologies de fabrication, aux techniques de conditionnement et d'impression, ainsi qu'à sa communication et à son offre consommateurs. De ce fait, l'emballage accompagne le produit de sa naissance à sa consommation, il est présent à tous les niveaux.

Le marketing mix, c'est l'optimisation de tous les éléments du **concept-global** intégrant les aspirations des consommateurs.

1. Le marché

Que savez-vous :
- du marché national ?
- du marché régional ?
- du marché local ?

Il est nécessaire d'en connaître toutes les particularités ; il existe à ce sujet de nombreux panels. Mais sans avoir forcément recours à ceux-ci, il vous est possible d'avoir une analyse même sommaire à partir de vos statistiques internes.

2. La concurrence

Elle peut être :
- nationale,
- régionale,
- ou locale.

Vous devez absolument tout savoir d'elle, mais surtout tenir compte de ce que vous savez. En ce qui concerne la collecte d'informations, il ne faut négliger aucune piste, mais il ne peut être envisageable de tenir compte d'une information sans en avoir vérifié la valeur.

TOUT SAVOIR / EN TENIR COMPTE

Quelles sont les premières forces ou faiblesses de vos packagings ?		
	Force	Faiblesses
Est remarqué en linéaire	68,7 %	4,6 %
Donne envie d'acheter le produit	67,1 %	9,3 %
Présente clairement les avantages	39 %	34,3 %
Préserve le capital confiance de votre marque	57,8 %	3,1 %
Autre	1,09 %	1,5 %

Vos faiblesses profitent-elles à vos concurrents ?
oui : 48,4 %   non : 29,6 %
ne se prononcent pas : 22 %

3. La cible

- A qui est destiné votre produit ?
- Est-il l'utilisateur final ?
- Est-il l'acheteur ?

Il est nécessaire de choisir une cible la moins large possible, car en effet chaque cible a son langage, ses attentes, ses contraintes.

Plus la cible est large, moins votre message aura de force vis-à-vis de chacun.

3.1 Les objectifs

De plus en plus de produits similaires étant apparus sur le marché, il est nécessaire pour les différencier de donner à chacun à travers le packaging une image de marque différente.

Aujourd'hui, il n'existe aucun produit qui n'ait pas de concurrents. Le packaging, bien que respectant ses contraintes de contenance, est un moyen de communication, qui promet certains avantages aux consommateurs, et qui le distingue de ses concurrents.

Depuis la naissance des premiers packagings, l'on constate que ceux-ci évoluent au fil du temps, en fonction des phénomènes de mode, ou bien même en créant la mode.

3.2 Le message

Le message consiste à présenter de façon la plus percutante possible l'avantage pour la cible de s'intéresser à vous plutôt qu'aux autres. Il doit présenter de façon évidente la ou les différences de votre produit ; le message pourra être visuel ou rédactionnel.

4. Les normes à respecter

4.1 Normes graphiques

Existe-t-il une **règle graphique propre à votre entreprise**, appelée aussi « identité visuelle », « bible d'entreprise », ou « livre des normes » ?

Si cela est le cas, vous devez être en mesure de fournir à votre interlocuteur packaging soit des exemples de travaux réalisés respectant cette identité, soit la « bible ».

Dans tous les cas, il sera indispensable de remettre un « bromure » de votre logo comportant le sigle de votre entreprise, l'adresse complète, ainsi qu'une éventuelle signature d'entreprise.

- Avez-vous une règle typographique définie ?
- Avez-vous des couleurs imposées ?
- Ou d'autres contraintes de présentation graphique ?

Il est indispensable de bien les indiquer dès le commencement du travail.

4.2 Normes code à barres

Vous devez remettre le **type de code à barres à imprimer avec les chiffres** correspondants, la gamme d'imprimabilité et le facteur de grossissement dont découle la dimension du code à barres (cf. chapitre 3, « Symbolisation par codes à barres »).

4.3 Législation

Vous devez connaître la **législation en vigueur pour chaque type de produit** (frais, conserves, semi-conserves, etc.), ainsi que les réglementations d'exception d'usage.

Vous avez à préciser en particulier les mentions adresses comportant selon les cas : identification de la personne physique ou morale responsable de la fabrication, des conditionnements ou de la commercialisation de la marchandise. Cette adresse, selon les produits, sera ou non complétée par le numéro du fabricant (FAB...) ou le numéro de l'emballeur (EMB...) et/ou les mentions légales et cachets sanitaires appropriés.

Dans le domaine industriel, il en est tout autrement que dans le domaine agro-alimentaire, il faudra donc se référer aux usages.

5. Problèmes juridiques

Chaque catégorie de produit, alimentaire ou non-alimentaire, toxique ou non-toxique, etc., supporte une réglementation particulière, dont il vous faudra largement prendre connaissance.

Cette connaissance juridique est vécue au quotidien par de nombreuses personnes de votre entreprise, qui peuvent vous aider dans ce domaine très spécifique.

En ce qui concerne les distributeurs, vous devrez demander à vos fournisseurs de vous indiquer ces contraintes légales, avant d'aborder toute réalisation packaging.

Les textes qui seront apposés sur vos packagings devront avoir été relus et corrigés par un juriste spécialisé, eu égard aux législations en vigueur pays par pays, avec à terme harmonisation des règlements dans le cadre de la communauté européenne, ainsi qu'à la validité des marques, signatures, logos, etc, qui doivent généralement être déposés afin de pouvoir être protégés.

Les peines encourues ne sont pas excessives, si vous pouvez prouver votre bonne foi, sans avoir bien sûr engagé de risques pour les consommateurs. La loi est en effet assez tolérante, car elle ne peut prévoir tous les cas de figure de nombreux nouveaux produits arrivant sur le marché chaque année.

5.1 L'INPI (Institut National de la Protection Industrielle)

Créé par une loi du 19 Avril 1951, l'INPI est un établissement public chargé de l'application des lois, règlements et accords nationaux et internationaux concernant la propriété industrielle, ainsi que de la tenue des registres centraux du commerce et des métiers. Son directeur est également le chef de service de la Propriété Industrielle du Ministère compétent.

Cette structure permet de traiter dans un cadre unique l'ensemble des problèmes de propriété industrielle, tant au niveau de la conception qu'à celui de l'exécution. L'INPI est situé au 26 bis, rue de Leningrad, 75008 PARIS (Tél. : 42-93-21-20).

Comment effectuer le dépôt de la marque et du logo correspondant

Effectuez-vous le dépôt de la marque ?

oui : 93,1 %   *non : 3,1 %*

ne se prononcent pas : 3,2 %

Effectuez-vous le dépôt du logo de la marque ?

oui : 90,6 %   *non : 4,7 %*

ne se prononcent pas : 4,7 %

Avant d'engager la réalisation des maquettes, il est souhaitable que vous effectuiez le dépôt de votre marque auprès de l'INPI.

Vous avez choisi un signe servant à distinguer les produits, objets ou services de votre entreprise : vous pouvez vous protéger en le déposant à titre de marque. La propriété de la marque s'acquiert exclusivement par le dépôt, dont la durée d'effet est de 10 ans. Des dépôts successifs permettent de conserver indéfiniment la propriété de la marque.

Les droits conférés par le dépôt en France s'étendent aux territoires d'outre-mer ; vous pouvez également vous protéger à l'étranger en effectuant un dépôt dans chacun des pays où vous souhaitez vous protéger en vous conformant à la législation de ces pays, ou bien en effectuant par l'intermédiaire de l'INPI un dépôt international. (Pour déposer votre marque, se reporter aux indications données dans le Guide du Déposant édité par l'INPI.)

Avant d'effectuer ce dépôt, vous devez impérativement réaliser une recherche d'antériorité visant à vous révéler si cette marque a déjà fait l'objet d'un dépôt, et si elle est utilisée. En effet, toute marque qui n'aurait pas été utilisée au bout de 5 ans, réappartient au domaine public.

Il est souhaitable lors du dépôt de marque de déposer plusieurs déclinaisons possibles de votre marque, déclinaisons phonétiques ou grammaticales.

Il est possible d'effectuer le rachat d'une marque peu ou pas utilisée auprès d'une autre société l'ayant déjà déposée. Ceci se réalisant le plus souvent à moindre coût. Toutefois sachez qu'il existe sur le marché des sociétés ou des personnes dont la profession consiste à déposer des marques en grande quantité pour les revendre ensuite.

5.2 Comment effectuer le dépôt du packaging à travers son design volume et à travers son graphisme

Si vous avez créé :

- un dessin nouveau ;
- une forme plastique nouvelle ;
- un objet industriel se distinguant de ses similaires, soit par une configuration qui lui confère un caractère de nouveauté, soit par des effets extérieurs qui lui donnent une physionomie propre et nouvelle ;

vous pouvez déposer une enveloppe Soleau auprès de l'INPI dans un premier temps. L'enveloppe Soleau était à l'origine destinée aux créateurs de dessins et modèles, comme moyen de preuve de la création. Utilisée souvent en matière d'invention, elle ne remplace jamais le brevet et n'assure en aucun cas une protection, ni ne fait naître de monopole. Elle a simplement pour objet de prouver qu'à la date de son dépôt, son auteur était en possession de l'invention.

Vous pouvez ensuite déposer le dessin ou le modèle :

- pour donner une date certaine à sa création ;
- parce que le dépôt constitue une présomption de propriété en faveur du déposant ;
- parce que le dépôt confère à celui-ci ou à ses ayants cause un droit exclusif de les exploiter, de les vendre ou de les faire exploiter ;
- parce que le dépôt permet d'utiliser la procédure particulière de saisie et de poursuite en contrefaçon.

La protection est de 5, 25 ou 50 ans au maximum et doit être effectuée à l'INPI ou au greffe du tribunal de commerce du domicile du déposant lorsque ce domicile est situé en dehors du département de Paris. La protection conférée par le dépôt en France s'étend aux territoires d'outre-mer. Il est également possible d'effectuer un dépôt dans chacun des pays où vous désirez vous protéger, ou d'effectuer un dépôt international à l'Organisation mondiale de la propriété intellectuelle (OMPI).

(Cf « La protection des droits de propriété industrielle », INPI).

5.3 Les droits d'auteurs

Concernant les droits d'auteurs d'illustrateurs, de photographes ou de mannequins, vous devez toujours préciser avant la réalisation l'usage qui sera fait des packagings, et payer l'ensemble des droits qui reviendra à chacun pour chaque utilisation.

Vous devez faire préciser dans les devis le montant de ces droits, leur durée dans le temps, et les supports concernés.

Il vous est possible de négocier le travail avec ces différents prestataires, tous droits cédés, ce qui vous coûtera un prix de départ, et rien par la suite.

Les droits d'auteurs des créations en packaging appartiennent à votre agence. Il vous sera nécessaire de clarifier ce point au début du travail au moyen d'un contrat, et de leur demander de prévoir dans leurs tarifs de vous céder systématiquement leurs droits.

5.4 Les licences

Vous souhaitez donner à vos produits l'image d'un autre produit existant déjà dans d'autres domaines (cosmétique luxe, etc.), et possédant plus de notoriété que le vôtre. De façon ponctuelle ou permanente, vous pouvez à cet effet acquérir une licence.

Vous bénéficierez immédiatement de la notoriété et de l'image déjà acquises par la marque, le personnage, l'événement, avec un développement beaucoup plus court.

Réponses aux questions que vous vous posez lorsque vous souhaitez acquérir une licence. (Source SNDD)

A - Première étape : quels types de licence ?

- personnages (de bandes dessinées, Astérix, Tom et Jerry, de séries télévisées, Cosmocats, Bibifoc) ;
- événements (Rallye Paris Dakar) ;
- personnalités (Michel Platini/sport, Alain Delon/cinéma) ;
- marques de prêt-à-porter (Cacharel, Pierre Cardin) ;
- autres marques (Hollywood Chewing Gum, etc.).

B - Deuxième étape : pourquoi acquérir une licence ?

Vous êtes fabricant de produits et/ou distributeur dans un des secteurs suivants :

- jouet,
- habillement,
- textile,
- parfumerie,
- maroquinerie - chaussure,
- bijouterie,
- horlogerie,
- papeterie - cadeaux,
- arts de la table,
- édition - promotion - publicité - musique - vidéo.

Le problème est de sélectionner ces « locomotives ». Trois critères doivent vous guider dans votre choix :

a) Notoriété acquise

- Quelle est sa puissance ?
- Depuis combien de temps existe-t-elle ?
- Quel est son développement international ?
- Comment est-elle diffusée... ?

b) Image

Y a-t-il parfaite adéquation entre l'image de la marque, du personnage, de la personnalité, etc., et le produit que vous désirez lancer ? (niveau de gamme, qualité, âge du cœur de la cible, type de distribution, etc.).

c) Communication et exposition publique

Vous devrez, pour bénéficier au maximum d'une telle licence, apprécier les efforts de communication prévus :

- Marques, événements : budget et type de communication (publicité télévisée, presse, opérations promotionnelles, relations publiques...) ;
- Personnages : programmation de la série télévisée, sorties d'albums, animations prévues : publicité éventuelle des produits leaders.

C - Troisième étape : avec qui ?

Vous pouvez avoir en face de vous 2 types d'interlocuteurs :

a) Les ayants droit : ceux qui possèdent à la base les droits :

1. les propriétaires des marques,
2. les concepteurs, dessinateurs, auteurs, éditeurs,
3. les personnalités ou leurs managers.

b) Les Agents : ceux qui sont mandatés par les ayants droit pour commercialiser leurs droits.

Vous devez vous assurer que votre interlocuteur est bien le détenteur des droits ou son mandataire, en cas de doute adressez-vous au Syndicat National des Droits Dérivés.

D - Quatrième étape : comment ?

Vous devez savoir qu'une telle négociation s'inscrit soit dans un cadre commercial, soit dans un cadre juridique.

a) Cadre commercial

Précisions que vous devez donner réponse aux questions suivantes :

- Quels produits ou lignes de produits sont éventuellement concernés ?
- Quels territoires : France, Europe, Monde ?
- Quelle durée : 1 an ? 2 ans ? ou plus ?
- Quels modes de distribution ?
- Quelles utilisations des droits ?
  - quel support,
  - technique d'impression, de moulage,
  - utilisation sur le conditionnement,
  - dans le cadre d'une campagne de publicité,
  - dans le cadre d'une promotion,
  - dans le cadre de PLV.
- Quelles exclusivités souhaitez vous ?
  - par secteur,
  - par ligne de produits,
  - par territoire.

– Date de début et de fin de contrat. Mode de renouvellement.

– Périodicité des relevés de vente.

– Présence du copyright et du « TM » (Trade Mark).

– Modalités de fin de contrat.

Vous avez répondu à ces questions, ce qui vous permet d'aborder la question financière.

Vous aurez à vous mettre d'accord, compte-tenu des précisions ci-dessus énumérées, sur :

– la royalty - redevance.

– le Minimum Garanti à valoir sur les royalties.

• Renouvellement éventuel du contrat

Une priorité de reconduction peut être concédée au licencié. Le bon respect du contrat et le dynamisme de l'exploitation de la licence seront déterminants dans la décision de renouvellement.

b) *Cadre juridique*

Négociation d'un contrat : les parties présentes sont :

les Ayants Droits / les Agents / les Licenciés.

Dans la majorité des cas, les contrats utilisés sont des contrats « types », qui sont adaptés aux opérations spécifiques. Ils contiennent environ 15 articles précisant les obligations et les responsabilités de chacune des parties.

La page la plus importante concerne :

– la définition du produit portant la licence,

– la reconduction éventuelle,

– le territoire,

– les royalties,

– la durée,

– le Minimum Garanti,

– l'utilisation du personnage,

– les exclusivités.

E - Cinquième étape : combien ?

a) Redevance (Royalty)

Il s'agit d'un pourcentage qui varie selon les secteurs d'activité et est calculé sur le prix de vente HT à votre distributeur. Il peut dans certains cas s'appliquer soit sur le prix de vente public, soit faire l'objet d'un forfait.

b) Minimum Garanti à valoir sur les royalties

Il sera calculé en fonction :
- du chiffre d'affaires potentiel que vous pensez réaliser sur la durée du contrat (ce calcul doit être réaliste),
- du pourcentage de royalty,
- de la durée du contrat.

F - Dernière étape : la confiance

L'essentiel est d'établir et entretenir un climat de confiance, de partenariat avec vos interlocuteurs.

(Source : Syndicat National des Droits Dérivés).

N'hésitez pas à contacter le SNDD qui pourra vous aider à mener à bien votre projet dans ce domaine.

6. Le choix de la marque et du nom

Comment définissez-vous la marque de votre produit ?

avec l'aide d'une société spécialisée	42,2 %
en travail d'équipe interne	54,7 %
au hasard	0 %
autres	3,1 %

(Agence Publicité / Marques internationales déposées / Consolidation du listing des marques possédées par le groupe / Direction Générale)

Avez-vous déjà fait travailler des sociétés spécialisées en recherche de marque ?

oui : 64,1 %   non : 15,6 %
ne se prononcent pas : 20,3 %

Chaque année, plus de 300 000 marques sont déposées en Europe, et 40 000 le sont en France. L'identité créée doit exprimer le métier, les caractéristiques et la culture de l'entreprise, ainsi que son positionnement. Nous nous sommes appuyés sur les travaux réalisés par Kotler et Dubois à ce sujet, qui nous ont semblés particulièrement intéressants à présenter ici.

5 critères de jugement pour la création d'une marque

- Unique : c'est-à-dire originale et créative.
- Spécifique : propre à la personnalité de l'entreprise.
- Cohérente : applicable à toute la communication.
- Déclinable : sur tous les supports.
- Durable : pour résister aux phénomènes de mode.

Pourquoi un fabricant doit-il appliquer une marque sur son produit et lui donner une conception graphique (ou volume) la plus percutante possible ?

5 raisons justifient l'emploi d'une marque et d'un packaging bien conçu :

- la marque et le packaging facilitent l'identification du produit, et simplifient la manutention et le repérage ;
- la marque déposée, le brevet, le graphisme protègent les caractéristiques uniques du produit contre d'éventuelles imitations ;
- la marque et le packaging véhiculent l'idée d'un certain niveau de qualité attaché au produit, et permettent de fidéliser la clientèle ;
- la marque et le packaging permettent de cibler l'offre sur des segments spécifiques au marché ;
- le nom de la marque, le graphisme du packaging offrent la possibilité d'associer au produit une histoire et une personnalité uniques, capables de justifier une différence de prix.

La marque est un élément de la stratégie produit. Une marque contribue à augmenter la valeur d'un produit, et doit être gérée avec soin. Quelques définitions s'imposent :

- Une marque est un nom, un terme, ou toute combinaison de ces éléments servant à identifier les biens ou services d'un produit, et permettant de le différencier de ses concurrents.

- Un nom de marque est l'élément de la marque qui peut être prononcé, qui est verbal : Renault, Perrier, Total sont des noms de marque.

- Un emblème ou un logo est l'élément de la marque qui est reconnaissable, mais qu'on ne peut pas prononcer : un symbole, un dessin, des couleurs ou un graphisme distinctif. Exemple : les chevrons Citroën, les ronds rouges de Elf, le coquillage de Shell.
- Une marque déposée est une marque ou un élément de marque qui jouit d'une protection légale en raison de son caractère de propriété exclusive. La marque déposée est essentiellement un terme juridique, destiné à garantir le droit exclusif du vendeur à l'utilisation du nom ou de l'emblème.

6.1 Choix stratégique de la marque

A - Les marques fabricant ou marques distributeur

- Moulinex, IBM ou Renault vendent la quasi-totalité de leurs produits sous leur nom de marque.
- Un fabricant comme Bouvard Biscuits vend presque toute sa production sous la **marque distributeur** Carrefour. D'autres fabricants comme Jacques Vabre, Lesieur ou Rivoire et Carré, vendent à la fois sous leur marque, et sous des marques distributeur.

B - La marque générique ou marque individuelle

On retient 4 stratégies de marque :

- **des noms de marque individuels** : cette politique est choisie par certaines société telles que Procter et Gamble (Ariel, Lénor, Pamper, Bonux, Monsieur Propre), ou Lever (Gibbs, Signal, Pepsodent, Omo) ;
- **un seul nom générique couvrant tous les produits** : cette politique est choisie par Peugeot et Moulinex ;
- **des noms génériques pour chaque gamme de produits** : cette politique est suivie par Prisunic (marque Prisunic, Kilt, Forza...) et Monoprix (Beaumont, Kerbronec, Gourmet, La Forme, Vite prêt) ;
- **la marque déposée de l'entreprise, combinée avec des noms de marque individuels** : cette politique est suivie par Gervais Danone (Gervita, Gervillage, Gerfruits, Danessa, Danino, Danette, Dan'up).

Il est souhaitable qu'un nom de marque possède l'une ou l'autre des qualités suivantes :

- évoquer les avantages procurés par l'utilisation du produit ;
  exemple : Tonigencil, Ronron, Taillefine, Conforama ;

- suggérer les particularités du produit, telles que l'aspect, la composition, la couleur, etc. ;
  exemple : Enduialo, Mousseline, Apérifruits ;
- être facile à prononcer, à reconnaître et à mémoriser. Les noms courts sont à cet égard préférables ;
  exemple : Omo, Bic, Kiri ;
- être distinctif ;
  exemple : Kodak, Obao, Vizir, Ofilus.

Double fonction de la marque :

– permettre l'identification du produit ;
– porter les messages pour communiquer et accélérer la pénétration sur le marché.

6.2 Méthode de travail pour la création de marque

Il existe six grandes étapes pour mener à bien la création d'une marque :

- Définir le problème marque :
  - recueillir l'information ;
  - déterminer la stratégie marque ;
  - formuler le cahier des charges.

- Créer la marque :
  - production de noms ;
  - sélection des noms pour marque ;
  - contrôle linguistique national et/ou international ;
  - tests de marque.

- Acquérir la propriété de la marque :
  - conditions intrinsèques « Distinctive », « Descriptive », « Législative » ;
  - conditions extrinsèques : similitude ;
  - recherche d'antériorité par pays : à l'identique, en approfondi ;
  - négociations des antériorités ;
  - dépôt de la marque ;

- obtention de la marque : procédures d'enregistrement, procédures d'examen ou d'opposition ;
- conservation de la marque : renouvellements, formalités de maintien ;
- défense de la marque : surveillance, règlement des litiges ;
- visualiser la marque : la visualisation de la marque intervient tant pour le dessin que pour les couleurs sur plusieurs niveaux :
  - niveau immédiat : graphisme, sigle, symbole, phrase-vocation, couleur, etc.,
  - niveau self-média : conditionnements et packagings,
  - niveau mass-média : design et signalétique assurant la relation avec l'environnement.
- revaloriser la marque : exploitation directe (livre de normes), accords de licence, franchise, ventes et achats.

A - Recherche de marques ou prénoms pour produits de l'entreprise

Avant d'entreprendre une recherche de créativité auprès d'agences spécialisées ou d'agences packaging, il s'avère souhaitable d'exploiter les moyens suivants :

- explorer la check-list des marques Entreprise mise à disposition par le Service juridique de l'Entreprise ;
- négocier éventuellement la cession ou le prêt de marques des sociétés qui possèdent des portefeuilles de noms ;
- faire rechercher par un Service juridique les marques disponibles et négociables sur la marché (achat, vente, non-renouvellement de dépôt, etc.) ;
- soumettre à ce Service juridique une liste de noms émanant de la réunion de créativité interne.

C'est seulement après l'exploitation de ces différents méthodes et, si aucun nom ne ressort et n'est déposable, qu'il faudra faire appel à une agence spécialisée en recherche de marque.

B - Registre de marque déposée ®

- Applications : pour tous les noms, prénoms, marques dans leurs graphismes déposés et exploités sur les packagings des produits de l'Entreprise, on procédera à l'apposition du symbole ® en conformité avec le graphisme officiel et d'une taille cohérente avec celle de la marque.

C - Schéma de recherche de nom

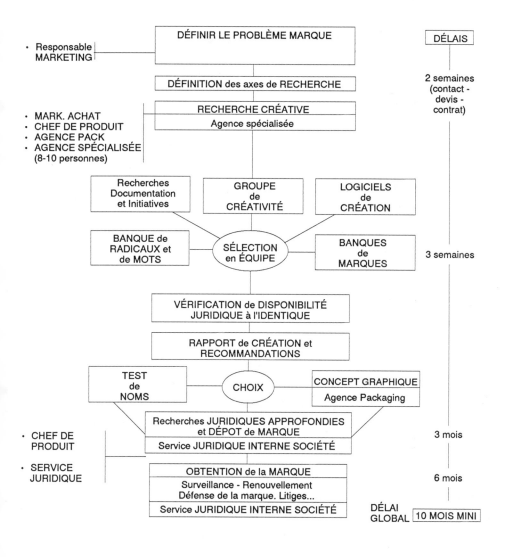

7. La signature du produit

Il peut être utile, pour confirmer ou affirmer une qualité ou une différence essentielle de votre produit, de rajouter une signature packaging ou une phrase vocation (base line).

Ce type de signature, très couramment voire pratiquement tout le temps utilisé en signature d'annonce-presse, affichage, films TV, cinéma ou radio, l'est encore rarement au niveau des packagings. Dans un proche avenir, cette signature ou phrase vocation sera un des moyens de différenciation des produits à travers leur packaging.

7.1 La phrase vocation

Véritable élément de communication du produit, la phase vocation :

* est un élément essentiel de l'identité du produit ;
* s'ajoute au graphisme de la marque avec esthétique et équilibre ;
* met en avant d'une manière concise les traits caractéristiques de la personnalité du produit.

Cette phrase vocation devra accompagner la marque du produit de façon permanente. Elle sera suffisamment spécifique pour exprimer la stratégie de communication de l'entreprise :

* dans l'immédiat,
* à moyen terme.

Elle exprimera bien la personnalité et les caractères du produit :

* questionner le consommateur pour recueillir ses réactions ;
* faire procéder à des recherches d'antériorité puis faire un dépôt pour assurer la protection de la phase vocation.

Création et adéquation graphique à la marque : une phrase vocation doit avoir une expression visuelle parfaitement définie et normalisée. Il faut prévoir un système visuel lui permettant d'accompagner la marque de façon cohérente et durable puis établir un livre de normes.

Attention : selon les pays de distribution, cette phrase peut être difficile à traduire, ou présenter des connotations culturelles négatives ; il faut en tenir compte lors de sa création.

7.2 Le « plus produit »

Le plus-produit, c'est l'avantage qu'a le consommateur à consommer votre produit plutôt que celui d'un concurrent.

C'est un avantage direct ou indirect que va procurer votre produit à l'utilisateur ; il est essentiel pour justifier l'acte d'achat et marquer votre différence de mentionner celui-ci de la façon la plus percutante possible sur votre packaging.

Il semble facile de définir ce plus-produit, mais attention : celui mis en avant sur votre packaging ne sera pas forcément le plus évident. En effet, si vous argumentez sur une qualité qui ne répond pas précisément à l'attente des consommateurs, cela ne présentera aucun intérêt.

Il sera donc nécessaire de connaître préalablement les attentes des consommateurs, afin d'y répondre à la fois sur le plan technique et sur le plan du message.

Une formulation courte et claire pour tous sera préférable à un long discours.

Votre message packaging doit être cohérent par rapport au message diffusé ou que vous diffuserez ultérieurement à travers votre communication globale.

Attention : selon les pays, le plus-produit peut s'avérer différent, car il est fonction des attentes des consommateurs.

8. Le contenu rédactionnel

Avant de confier un travail à une agence de création, il est nécessaire d'élaborer le contenu rédactionnel et les indications techniques du packaging, en tenant compte de la cible, des objectifs, des attentes des consommateurs, de leurs habitudes, du marché, de la concurrence et de l'usage qu'ils feront du produit.

Le contenu rédactionnel doit être le plus court possible, tout en résumant l'essentiel de ce que vous avez à dire. Il doit être directif. Il doit être composé d'accroches, de titres, de sous-titres, de paragraphes courts, et d'une ponctuation dense.

Il devra être explicatif quant à l'utilisation du produit, et appuyé si possible par des symboles graphiques ou illustrations.

Il doit être compréhensible par tous les utilisateurs potentiels.

Il sera remis si possible dactylographié à l'agence avec les majuscules (lettres capitales) et les minuscules (bas de casse), la précision des textes en gras et les retours à la ligne, ce qui évite en particulier les fautes concernant le langage technique.

9. Le visuel principal

Photo ou illustration, le visuel principal doit :
- présenter le produit clairement,
- être simple et parfait, de très haute qualité (photo ou illustration),
- rassurer,
- permettre une visualisation directe du produit.

Les photos de visuel principal peuvent supporter des variations de coût très importantes. Ceci sera dû à la notoriété des mannequins, à celle du photographe, ainsi qu'aux frais divers liés à la prise de vues.

Le visuel principal devra être en parfait accord avec la marque.

Il pourra se présenter sous forme :
- d'illustrations,
- de photos,
- ou d'un mélange des deux.

Dans le cas d'une illustration, le traité ou le style de celle-ci sera défini en fonction de la cible concernée plutôt :
- bandes dessinées pour les produits enfants,
- hyper-réaliste pour les produits haut-de-gamme,
- graphique pour des produits moyen-de-gamme,
- dessin au trait pour des produits techniques,
- symboles graphiques pour des produits bas-de-gamme.

L'illustration permet une démarche plus pédagogique, car elle permet des écarts par rapport à la réalité afin d'appuyer tel ou tel avantage ou tel aspect d'utilisation du produit.

Dans le cas d'une photo, l'ambiance sera plus ou moins sobre, et définie en fonction de la cible concernée. La photo permet une présentation fidèle du produit.

Le visuel principal devra de toute façon présenter le produit dans sa situation d'utilisation la plus courante, mais surtout la plus avantageuse.

Le choix photo ou illustration lui aussi sera déterminé en fonction des attentes de la cible, qui souhaite voir présenté le produit de façon plus ou moins réaliste, ou de façon plus ou moins subjective.

Le visuel principal ne sera pas nécessairement lié à l'utilisation du produit ; il sera dans ce cas un symbole graphique de reconnaissance de la marque.

9.1 Les prises de vues

Pour la réalisation d'un packaging, il est nécessaire d'envisager 2 types de prises de vues :
- la ou les prises de vues du visuel principal,
- la ou les prises de vues en packshots des autres produits de la gamme.

Si vous possédez une photothèque interne à l'entreprise comportant des photos de qualité dans lesquelles vous pourrez faire votre choix, vous pourrez dans ce cas éviter les prises de vues du visuel principal, et donc réaliser une économie de coût et de temps. Il est fortement déconseillé de chercher à réaliser vous-même ces prises de vues. Le matériel photographique d'amateur, même sophistiqué, ne répond pas aux exigences de telles photos. L'idéal sera que votre agence soit l'intermédiaire qui prenne en charge le choix du photographe, ainsi que la responsabilité des prises de vues.

A - Comment choisir le photographe adapté

Afin de choisir le bon photographe, il vous sera nécessaire de vous procurer les guides professionnels, à l'intérieur desquels chaque photographe présente ses travaux, ses références, et surtout son style photographique. Il est de cette façon facile d'en sélectionner quelques-uns, qui correspondent au mieux à votre besoin, afin de les recevoir avec votre agence pour faire votre choix définitif.

B - Comment poser son problème de prises de vues au photographe

La qualité d'un document photographique implique une communication entre le photographe et son client. On ne peut se permettre de dire au photographe : « On vous fait confiance, c'est votre métier, et l'on vous paie suffisamment cher ». Il faudra participer activement pour réussir la transmission du message.

Devoir du client :

- remettre au photographe un rough (dessin enlevé) définitif précisant l'ambiance de la photo, les proportions souhaitées, et le style de la photo,
- bien situer son marché et ce qu'il recherche,
- indiquer au photographe l'usage qui sera fait de cette prise de vues,
- préparer le travail de prises de vues en organisant des rendez-vous, en fournissant les objets ou les marchandises à photographier, en s'assurant de la qualité des fournitures,
- expliquer les moyens techniques qui seront employés pour l'impression,
- surveiller et assurer le déroulement du programme de prises de vues.

Devoir du photographe :

- être intéressé par le problème photographique posé,
- être interrogateur,
- être ouvert au dialogue,
- être créatif et vous garantir sa technique et sa qualification.

C - Comment juger la qualité des photos réalisées

La différence entre la qualité d'une photo d'amateur et de professionnel se constate sur plusieurs points :

- la netteté parfaite de tous les plans de la prise de vues,
- la qualité des contrastes couleurs ou noir et blanc,
- la qualité de l'éclairage.

Aptitudes souhaitées pour une bonne reproduction :

- fidélité des couleurs,
- définition,
- bonne saturation des couleurs,
- bonne séparation des couleurs,
- minimum de grain.

Exposition : il faut une image originale bien exposée. La surexposition est à proscrire, mieux vaut une légère sous-exposition : il faut savoir qu'en photogravure on a tendance à diminuer la saturation des tons clairs.

Contraste : il est à rappeler que le contraste entre une image imprimée et une diapositive examinée par transparence est différent : les techniques de reproduction compressent les valeurs.

Format : l'agrandissement comme la réduction modifient les surfaces colorées. L'expérience montre que la solution la plus favorable s'obtient à partir d'un document original en couleurs positif transparent (ektachrome) à reproduire en mêmes dimensions. Il faut retenir pour normes :

- format 4 x 6 cm pour agrandissement ne dépassant pas 1/2 page 21 x 29,7,
- format 6 x 6 cm pour agrandissement ne dépassant pas un format 21 x 29,7,
- format 10 x 12 cm pour agrandissement ne dépassant pas 2,4 m x 1,6 m,
- format 13 x 18 cm pour agrandissement ne dépassant pas 4 m x 3 m,
- format 20 x 25 cm pour agrandissement de photos réservées à des travaux exceptionnels, nécessitant une très bonne qualité de reproduction.

En packaging, les plus couramment utilisés sont le 4 x 6 cm et le 6 x 6 cm.

Protection des photos : la couche sensible d'une diapositive est fragile, il est préférable de la protéger par une pochette transparente, et de ne jamais l'en sortir. Attention aux traces de doigts : après manipulation procéder au nettoyage selon les prescriptions des laboratoires de développement. N'écrivez jamais au dos d'une photo au crayon à bille, évitez les trombones et surtout les agrafes.

La qualité d'une photo en termes techniques se juge à l'aide d'un compte-fils, loupe grossissante permettant d'analyser la photo dans les moindres détails.

Selon le niveau de sophistication de la photo, différents paramètres et sous-traitants interviendront :

- le repérage des lieux,
- la création d'un décor,
- le casting,
- les mannequins,
- le coiffeur,
- le maquilleur,
- le styliste,
- l'éclairage,
- l'éclairagiste,
- le studio de prises de vues,
- l'autorisation du lieu de la photo,
- l'accessoiriste.

Les prises de vues sont rarement réalisées par les agences. Elles sont confiées par celles-ci directement au photographe.

D - Les photos disponibles sur photothèques

Il existe de nombreuses sociétés spécialisées qui stockent une multitude de photos, traitant de toutes sortes de sujets (famille, sport, médecine, voyages, etc.). Ces photos sont commercialisées à l'aide de catalogues mis à la disposition de tous leurs clients potentiels. Il vous est possible de vous procurer gratuitement ces catalogues sur simple demande (toutes les agences possèdent de nombreux catalogues).

L'intérêt de cette solution est qu'elle vous permettra peut être d'éviter la réalisation d'une photo, ou le cas échéant de définir le style photographique convenant le mieux à votre produit.

Lorsque vous faites appel à une photothèque, ce n'est pas la photo qui vous est vendue, mais les droits concernant la durée et l'usage pour votre packaging en France ou à l'étranger, ainsi que l'usage éventuel sur vos documentations et PLV.

L'achat d'une photo en photothèque en propriété exclusive coûte excessivement cher. Ces sociétés ne négocient pas facilement leurs droits.

E - Les droits des photographes

Ces droits sont éventuellement négociables avec le photographe. Dans ce cas, le domaine d'exploitation des droits est à préciser. Il concerne :

- l'étendue,
- les lieux,
- les destinations,
- la durée.

Exemple : tout usage sans limite de durée pour l'Europe.
Exemple : usage exclusif packaging pour 3 ans en France.
Exemple : usage packaging + PLV pour 5 ans en Europe.

Il sera nécessaire de formaliser cette négociation par écrit.

(Voir en annexe Extrait du Code des Usages et Conditions Générales de la Fédération Française des Photographes).

F - Évaluation du coût d'une photo

En matière de tarification, il s'avère assez difficile de travailler à partir d'un barème standard. Pour toute prise de vues, plusieurs types de soumission sont à envisager :

- à la prise de vues, le prix dépendra de la difficulté de l'aspect créatif demandé pour un travail bien défini au départ,
- à la journée, évaluation du temps et du nombre de jours utiles lorsqu'on recherche un maximum de prises de vues,
- en photo reportage, s'il y a lieu de rechercher sur le terrain les prises de vues les plus favorables au problème posé.

Les tarifs sont très dépendants de la qualité du photographe, de ses références ainsi que des frais divers liés à la prise de vues. Bien entendu, ces tarifs seront sensiblement majorés selon les conditions avec lesquelles vous négocierez l'achat des droits d'auteurs.

G - Les délais

Ils sont souvent très courts, car la photo est attendue afin de pouvoir monter correctement les documents d'exécution définitifs. Ces délais sont à négocier avec le photographe, en fonction de la difficulté du sujet, et ne doivent surtout pas être imposés de façon trop stricte, car cela se traduirait par un résultat médiocre.

Une semaine à 10 jours est un délai raisonnable pour une prise de vues packaging.

H - Faire refaire le travail

Si vous avez bien remis au photographe le rough ou dessin définitif, en ayant précisé l'ambiance de la photo, les proportions souhaitées et le style de celle-ci, et ce par écrit, vous aurez rarement lieu de faire refaire le travail. Si toutefois la photo ne correspondait pas à votre brief, n'hésitez pas à la faire recommencer.

I - La retouche photographique

Elle consiste à modifier certains aspects d'une photo sur le papier. Elle est vivement déconseillée, car en général très coûteuse et très longue. La retouche est particulièrement dépendante de la qualité et de l'expérience du retoucheur.

Cette opération s'appelle en langage technique un dye-transfert. La technique informatique apparue ces dernières années devrait bientôt permettre d'effectuer de façon banalisée de telles retouches dans de bonnes conditions.

Les photograveurs peuvent eux aussi retoucher une photo après l'avoir saisie sur le scanner électronique ; là aussi, l'opération sera particulièrement coûteuse et le travail réalisé ne sera pas « artistique » mais technique.

Il est plus simple de faire refaire systématiquement toutes les prises de vues qui ne vous conviennent pas. Même en cas de délais très courts.

Les seuls cas de retouche doivent être appliqués à des photos très difficiles à refaire, ou devant remplir des exigences techniques très particulières (montage, incrustation, etc.).

9.2 Les illustrations

A - Comment choisir l'illustrateur adapté

Il existe plusieurs types d'illustration, différenciés par leur traité. Selon le choix effectué à partir des maquettes rough, il sera nécessaire de choisir l'illustrateur capable de réaliser tel traité plutôt que tel autre. Une grande rigueur et une grande précision dans le brief permettent de ne pas avoir à recommencer plusieurs fois l'illustration. Les guides professionnels vous seront là aussi très utiles pour effectuer votre choix.

B - Comment juger la qualité des illustrations

Il est recommandé de ne pas utiliser les roughs des illllustrations comme illustrations finales : leurs qualités en tant que rough peuvent gâcher l'ensemble du document une fois terminé. Le traité d'un dessin rough ne fait en effet pas l'objet, comme pour une illustration finalisée, d'une recherche de matières, mais seulement d'une recherche de style et d'ambiance.

C - Les illustrations disponibles sur photothèques

Les photothèques diffusent également des catalogues ne comportant que des illustrations, elles aussi classées par thèmes. Elles vous seront de la même utilité pour faire un choix, et remplissent les mêmes conditions que pour l'acquisition d'une photo.

D - Les droits des illustrateurs

Les droits d'auteurs appartiennent à l'illustrateur, sauf en cas de négociation préalable. Les textes qui les régissent sont quelque peu différents de ceux qui régissent le travail des photographes (voir « loi sur la propriété artistique »).

E - Évaluation du coût d'une illustration

L'illustration se vend exclusivement au temps passé : plus une illustration possède de détails et de précision, plus elle coûtera cher.

Il est important de savoir qu'un illustrateur ne peut pas réaliser tous les styles d'illustration. Vous jugerez ses capacités de réalisation par rapport à son dossier. Il est très délicat de prendre des risques dans ce domaine.

Les tarifs sont dépendants de la qualité de l'illustrateur, et de ses références. Ces tarifs seront sensiblement majorés selon les conditions avec lesquelles vous négocierez les droits d'auteur.

F - Les délais

Ils sont souvent très courts, car la photo est attendue afin de pouvoir monter correctement les documents d'exécution définitifs. Ces délais sont à négocier avec le photographe, en fonction de la difficulté du sujet, et ne doivent surtout pas être imposés de façon trop stricte, car cela se traduirait par un résultat médiocre.

Une semaine à 10 jours est un délai raisonnable pour une prise de vues packaging.

G - Faire refaire le travail

En ce qui concerne ces deux derniers points, il n'est pas à faire de différence avec ce qui est en usage pour le travail des photographes.

Si vous avez bien remis au photographe le rough ou dessin définitif, en ayant précisé l'ambiance de la photo, les proportions souhaitées et le style de celle-ci, et ce par écrit, vous aurez rarement lieu de faire refaire le travail. Si toutefois la photo ne correspondait pas à votre brief, n'hésitez pas à la faire recommencer.

10. La symbolisation par code à barres

Dans le monde économique d'aujourd'hui, l'identification des produits est devenue indispensable afin de bien les gérer.

L'apparition de lectures automatiques qui fonctionnaient depuis plusieurs années aux USA ou au Canada intéresse de plus en plus les industriels et distributeurs français.

10.1 Les codes à barres

Définition : Le code à barres appartient à un ensemble de technologies connues sous le terme de « lecture optique » ou « entrée des données sans clavier ».

Les symboles des codes à barres consistent en une alternance de barres claires et foncées. Celles-ci sont détectées au passage d'un point lumineux, la lumière étant absorbée par les barres foncées tandis que les espaces (barres claires) la reflètent partiellement.

Les 3 types de codes à barres les plus usités sont :
- grand public ou grande distribution = EAN (autorité nationale Gencod),
- produits pharmaceutiques = CIP (code interne pharmaceutique),
- produits industriels = codes alphanumériques.

10.2 Code EAN

GENCOD (Groupement d'Études de Normalisation et de Codification) identité nationale est membre de EAN (Association Européenne pour la Numérotation des Articles). GENCOD gère pour la France les prescriptions mises en œuvre dans un système international.

Les codes EAN spécifiquement utilisés dans la grande distribution ont une place prépondérante dans le packaging ; c'est la raison pour laquelle nous détaillerons seulement le type de code à barres qui s'avère le plus complexe et délicat à imprimer.

Symbolisation par code à barres EAN (European Article Number)

La grande distribution a choisi pour codifier les produits le code à barres EAN 13. Exceptionnellement pour des produits de très faibles volumes le code à barres EAN 8 peut être utilisé.

Qu'est-ce qu'une structure à barres EAN ?

- Un standard national de codification des biens de consommation courante.
- Une lisibilité automatique par des appareils de lecture lors des opérations d'encaissement dans les magasins ; un seul lecteur suffit pour les lire tous.
- Pour chaque article un code qui lui est propre et universel. On trouve des codes EAN d'aspects différents.
- Une représentation par un ensemble de barres alternées claires et foncées.

> **1 code à barres = l'empreinte digitale d'un article**

SYMBOLE EAN :
du code
de l'article
(ou code à barres)

CODE EAN :
(ou numéro
de l'article)

10.3 Règles générales

Les master-films sont fournis à l'imprimeur par l'entreprise qui les fait élaborer par un fabricant spécialisé, après détermination du ou des supports intéressés dans le procédé d'impression considéré.

Tous les imprimeurs qui réalisent des travaux d'impression avec codes doivent opérer des tests d'imprimabilité à partir de jauges standard EAN (fournies par GENCOD) sur l'ensemble de leur parc de machines. L'examen de ces tests permet de déterminer la gamme d'imprimabilité dont découlent :

- le facteur de grossissement, qui permet de connaître les dimensions du code,
- la réduction de largeur de barre, qui corrige les dimensions nominales des barres.

10.4 Produits à poids fixe

1 article = 1 code article = 1 code EAN =
1 unité consommateur = 1 prix

Seuls les master-films fournis par l'Entreprise doivent être utilisés et reproduits ipso facto (y compris les cadres techniques dans certains cas d'impression et surtout les marges conseillées : repères en formes d'équerres délimitant la zone de neutralité). En cas de manque de place, il est possible de tronquer les codes à barres en hauteur (voir normes existantes EAN).

10.5 Dimensions

Sur les maquettes, chaque fois que la place est suffisante, prévoir l'emplacement d'un code nominal de facteur de grossissement 1 pour les procédés offset, typo, hélio et de 1,2 pour la flexographie. Il s'agit là de codes à barres EAN 13 et EAN 8 destinés aux unités de packaging consommateur (en aucun cas d'unités logistiques ou de certaines unités de regroupement qui répondent à d'autres spécifications).

FACTEURS DE GROSSISSEMENT		EAN 13		EAN 8	
		largeur	hauteur	largeur	hauteur
offset hélio	1	38 mm	26 mm	27 mm	22 mm
	1 TRONQUE	38 mm	22 mm	27 mm	19 mm
	0,9	34 mm	24 mm	25 mm	20 mm
flexo	1,4	53 mm	38 mm	pas recommandés	
	avec cadre technique	55 mm	40 mm		
	1,2	48 mm	34 mm		
	avec cadre technique	50 mm	35 mm		

10.6 Orientation du code à barres et positionnement

A - Orientation

- En offset il est toujours préférable d'imprimer les barres **parallèlement au sens d'impression**.

- **En flexo** il est obligatoire d'imprimer les barres parallèlement au sens d'impression. De plus il est souhaitable si le code n'est pas soutenu par des textes ou des éléments graphiques de placer un cadre technique qui servira d'appui pour protéger les barres latérales contre tout écrasement excessif de l'encre.

- En sérigraphie les barres sont placées **perpendiculairement à la raclette**.

- En typo rotative et offset sec les barres seront placées parallèlement au sens d'impression.
- En hélio les barres doivent être impérativement placées perpendiculairement à la racle du cylindre.

Toutefois des essais ont permis de tolérer, dans des cas particuliers où le code ne peut être placé dans le bons sens, d'incliner celles-là de 15° à 20°.

IMPORTANT : Les codes à barres placés dans le mauvais sens selon les procédés d'impressions suscités poseront des problèmes que les imprimeurs ne pourront pas forcément maîtriser même si sur un tirage déterminé la fiabilité a pu être démontrée ; c'est toujours l'exception qui confirme la règle.

B - Positionnement :

- En règle générale et selon les instructions de l'organisation Gencod les codes à barres doivent toujours être placés sur la face latérale du produit considéré comme une unité consommateur ou le cas échéant au dos et en bas à droite de cette face.

- Si la surface sur laquelle le symbole est imprimé est bombée, telles les boîtes métalliques cylindriques, il y a lieu de prendre en compte la courbure de l'emballage. Si l'angle formé par le centre du symbole avec le plan du tapis de caisse est supérieur à 30°, il y aura lieu d'orienter les barres perpendiculairement à la génératrice de l'emballage.

STRUCTURE D'UN CODE EAN 13 ET EAN 18

EAN13

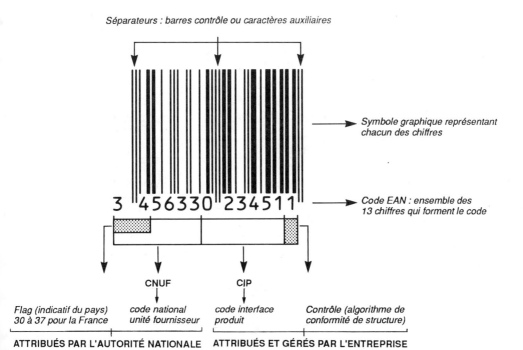

Séparateurs : barres contrôle ou caractères auxiliaires

Symbole graphique représentant chacun des chiffres

Code EAN : ensemble des 13 chiffres qui forment le code

CNUF

CIP

Flag (indicatif du pays) 30 à 37 pour la France

code national unité fournisseur

code interface produit

Contrôle (algorithme de conformité de structure)

ATTRIBUÉS PAR L'AUTORITÉ NATIONALE ATTRIBUÉS ET GÉRÉS PAR L'ENTREPRISE

Les petits produits avec code EAN 8

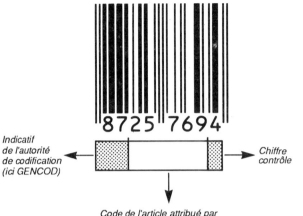

Indicatif
de l'autorité
de codification
(ici GENCOD)

Chiffre
contrôle

Code de l'article attribué par
l'autorité de codification désignée
par les deux premiers chiffres.
(ici GENCOD)

L'utilisation de ce type de codification est généralement réservée aux produits dont les dimensions ne permettent pas, ou difficilement, d'insérer un code à 13 chiffres.

Les sociétés nationales de codification

Indicatifs des autorités de codification	Autorités de codification	Pays
00 à 09	U.P.C.	ÉTATS-UNIS + CANADA
30 à 37	GENCOD	FRANCE
40 à 43	C.C.G.	ALLEMAGNE RFA
49	Distr. Code Center	JAPON
50	A.N.A.	ANGLETERRE
54	ICODIF	BELGIQUE + LUXEMBOURG
57	Dansk Varek. Adm.	DANEMARK
600	South African Numb. Ass.	AFRIQUE DU SUD
64	Centr. Ch. of Coe	FINLANDE
70	Norsk Varekodefor	NORVÈGE
73	Swedish EAN Comm.	SUÈDE
76	S.A.C.V.	SUISSE
80 à 83	ITALCOD	ITALIE
84	A.E.C.O.C.	ESPAGNE
860 à 861	Y.A.A.N.	YOUGOSLAVIE
87	U.A.C.	PAYS-BAS
90-91	EAN AUSTRIA	AUTRICHE
93	A.P.N.A.	AUSTRALIE
94	N.Z. Prod. Numb. Ass.	NOUVELLE-ZÉLANDE

Le changement d'un code EAN répond à des règles précises.

La société GENCOD distribue à ses adhérents les notices techniques intéressées, qui répondent entre autres aux points suivants :

- quand doit-on changer de code ?
- le code à barres et les promotions,
- les promotions sans incidence sur les prix de vente aux consommateurs (cadeaux, jeux, réductions différées, produit en plus),
- absorption ou fusion de société,
- rachat de marque ou de gamme de produits,
- peut-on utiliser à nouveau un code déjà utilisé ?

Symbolisation par code à barres EAN 13

PRODUITS À POIDS VARIABLE

Leur symbolisation reste à l'initiative des fabricants des produits Entreprise, et ce dans les spécifications définies par l'autorité nationale Gencod. Les services Entreprise communiquent le numéro de code affecté au produit intéressé. Toutefois un « Bon à tirer » sera soumis préalablement à la fabrication pour accord.

Les articles vendus au poids dits à « poids variable »

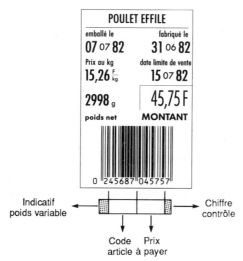

Le premier chiffre « 0 » de l'indicatif « poids variable » n'est pas forcément imprimé ; il est cependant pris en compte.
Indicatifs : 20, 29 et 21 à 25.

Symbolisation par code à barres EAN 13

LOTS

Un lot est une unité de vente qui doit comporter un code EAN spécifique dont le code EAN de chaque unité composant le lot doit être occulté.

En cas de démontage du lot par le consommateur, les produits unitaires doivent pouvoir être lus à partir de leur code d'assortiment.

Éventuellement des adaptations pourront être définies quand le produit est présent dans le magasin à la fois individuellement et en unité de regroupement. Dans ce cas il devra être fait mention sur le lot : « En aucun cas cette unité ne doit être démontée, le produit individuel étant en vente dans ce magasin ».

Un échantillon du lot constitué devra être soumis au responsable de la codification, pour vérification de conformité et accord, avant commercialisation.

> • Suppression = 1 code lot EAN affecté = Bloqué 1 an

Le lot constitué de plusieurs unités-consommateurs identiques (lots homogènes) ou différentes (lots hétérogènes) est aussi une unité-consommateur. Il est identifié par un nouveau code EAN.

<table>
<tr><td align="center">LOT HOMOGÈNE
constitué de :
2 pots de peinture identiques</td><td align="center">LOT HÉTÉROGÈNE
constitué de :
1 pot de peinture
1 bidon de décapant à peinture</td></tr>
</table>

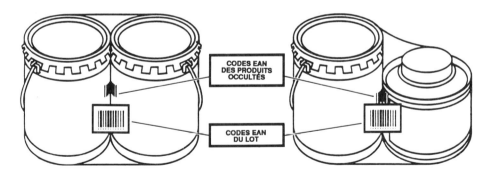

CODES EAN DES PRODUITS OCCULTÉS

CODES EAN DU LOT

Le responsable de la codification dans l'entreprise doit veiller à ce que à une unité-consommateur donnée corresponde un code EAN et un seul.

Une fois défini le code EAN de l'unité-consommateur ne doit pas changer tant que l'unité-consommateur, elle-même, ne change pas.

A une modification importante d'un des éléments de base caractérisant l'unité-consommateur correspond généralement un changement de code.

11. Le nouveau volume packaging : définition et conséquences

Avez-vous déjà fait travailler des sociétés spécialisées en conception volume packaging ?
oui : 67,2 %   *non : 12,5 %*
ne se prononcent pas : 20,3 %

La conception d'un nouveau volume packaging entraîne parfois de lourds investissements en recherche et outils de production.

C'est pourquoi il est souhaitable de s'entourer pour cette étape des meilleurs professionnels (ingénieurs, techniciens, etc.), ou bien de mettre en place en interne une structure ponctuelle, compétente et motivée pour faire face à ce travail.

Encore peu d'agences de création packaging sont capables de prendre en charge les conséquences d'un nouveau volume packaging au niveau des prix de revient de production, et sur le plan des aménagements ou des modifications des process de fabrication.

Certaines d'entre elles font dans ce cas appel à des sociétés appelées agences de design industriel, spécialisées en création de nouveaux volumes, avec la prise en charge des procédés de fabrication et des prix de revient. Mais les agences de design industriel sont encore très peu nombreuses, et les études sont la plupart du temps réalisées par les fabricants d'emballage.

(Cf. Fiches techniques tests matériaux en annexe)

11.1 Comment définir les contenances

Pour définir efficacement les contenances des produits, deux grands axes doivent guider votre choix :

- le premier est le plus important : les attentes et modes de consommation actuels ou prévisionnels de votre catégorie de produit ;
- le deuxième : les contenances des produits concurrents. Vous ne pouvez envisager de vendre un produit dans un conditionnement d'un litre si tous vos concurrents le commercialisent dans un conditionnement de 3/4 de litre ; en effet, votre packaging aura extérieurement pratiquement le même encombrement et le même volume que les produits concurrents, mais sera malgré tout au moins 25 % plus cher.

> *Quelles sont pour vous les principales conséquences d'un nouveau volume pour votre packaging ?*
>
> *45 %   plus de ventes,*
> *45,3 % plus de différences par rapport à la concurrence,*
> *31,2 % de nombreux problèmes d'organisation de votre production,*
> *17,8 % un élément perturbateur pour vos clients,*
> *12,4 % ne se prononcent pas.*

Un nouveau concept volume packaging fait-il vendre plus ? Pas forcément, s'il n'a pour but que de vous faire remarquer par rapport à vos concurrents en linéaire. Forcément, s'il apporte au consommateur une réponse à ses besoins ou un avantage d'utilisation, ou bien même s'il renforce positivement l'image du produit (plus de qualités, plus de tradition, apparence moins coûteuse, etc.).

11.2 Conséquences d'un nouveau volume packaging

A - Vos ventes - Questions à vous poser :

- marché national,
- export,
- ventes annuelles (par unité),
- nombre d'unités vendues en moyenne à chaque client.

Objectif souhaité de vente à chaque client :
- nombre d'unités qu'on voudrait vendre à chaque client,
- moyens de distribution,
- durée moyenne d'exposition du produit dans le magasin de détail,
- prix de vente.

B - Vos concurrents

Ont-ils fait preuve d'innovation technique ces dernières années ?
Ont-ils eu du succès ?
Quels sont les types de conditionnement utilisés par les concurrents ?
Quel est le prix des principaux produits :
- sur un rayonnage,
- dans une vitrine,
- dans une vitrine intérieure,
- dans une vitrine extérieure,
- sur le dessus d'un comptoir,
- dans l'arrière-boutique.

C - Les distributeurs

Il est impératif de veiller aux problèmes de merchandising, car tout nouveau volume packaging doit prendre en considération cette contrainte.

Pour la présentation le distributeur emploie :
- le conditionnement tel qu'il est,
- le conditionnement ouvert,
- le produit retiré de son conditionnement.

Le conditionnement doit permettre :
- un accès rapide pour démonstration ?
- un empilage des unités ?
- de distribuer des sous-unités ?

Il est également utile de définir les autres caractéristiques qui pourraient rendre service au distributeur.

D - Les consommateurs

Pour plus de facilité d'utilisation le packaging doit-il :
- porter une notice d'emploi ?
- avoir un système spécial d'ouverture ?
- être un contenant de stockage pour un temps assez long ?
- Permettre de fréquentes manipulations ?

Le conditionnement doit-il avoir d'autres caractéristiques pour mieux plaire davantage au consommateur ?

E - Les chaînes de fabrication

Celles-ci vont peut être subir des modifications suite à l'arrivée d'un nouveau volume packaging. Il est important de prévoir ces modifications assez tôt, afin de préparer efficacement le personnel de production à la bonne réalisation de ce changement. Un véritable audit interne sera à prévoir pour mener à bien cette opération.

F - Vos habitudes de production

Elles permettent en général de faire face aux imprévus, et de planifier de façon très précise vos capacités de production. Les changements dus à un nouveau volume packaging vont modifier les habitudes, et risquent d'engendrer au début quelques perturbations ; si celles-ci sont prévues au début du travail, elles pourront être gérées sans grandes difficultés.

G - Les chefs de fabrication

Ces hommes, en apparence difficiles d'accès, sont contrairement aux idées préconçues très positifs au changement. Ils apportent souvent par leur expérience de nombreuses idées constructives. Il est nécessaire d'organiser des réunions précédant l'arrivée d'un nouveau volume packaging. A ces occasions, leur compétence et leur point de vue, très différent des hommes de marketing, sera indispensable au bon déroulement du travail. Impliquez-les dès le début du travail, et vous éviterez par avance certaines de leurs objections techniques.

H - Les délais

L'arrivée d'un nouveau volume packaging, de l'idée à l'industrialisation durera en moyenne 1 an. Ne vous engagez pas trop vite en termes de planning auprès des intervenants, car celui-ci évoluera en fonction des contraintes que vous rencontrerez.

I - Les incidences financières

Difficilement chiffrables au début du travail, sauf de façon estimative, elles seront de toute façon assez élevées. Elles peuvent en effet aller de 1 à 10 millions selon les cas.

Le merchandising

Le merchandising intègre l'ensemble des techniques d'optimisation de l'espace de vente, notamment la conception de magasins, l'implantation de linéaires, la définition de gammes, la mesure de performance-rayon, la communication de rayons (PLV, opérations de promotion,...) ; il vise à favoriser sur le lieu de vente la rencontre du produit et du consommateur.

---

12. Packaging et merchandising

Bâtissez-vous à chaque nouveau packaging une stratégie merchandising ?

Avant la réalisation packaging	26,9 %
Pendant la réalisation packaging	26 %
Après la réalisation packaging	23,7 %
Ne se prononcent pas	23,4 %

Le packaging constitue l'un des éléments les plus importants du merchandising ; il symbolise le premier contact entre le consommateur et le produit. Le packaging permet au produit de se positionner par rapport à sa concurrence sur les linéaires ; il exprime la valeur du contenu, et positionne la qualité.

Il est le premier véhicule d'image pour le produit : sur le linéaire, il doit permettre de donner des informations sur la qualité du produit, et doit véhiculer des images et des émotions. Le rôle du packaging dans le merchandising est fondamental, car il oblige à atteindre un niveau de qualité de plus en plus élevé pour mieux se différencier de ses concurrents. Pour qu'un produit puisse se défendre seul sur un linéaire, il lui faut faire la différence afin de susciter les réflexes d'achat, le moyen le plus sûr pour assurer cette différence étant le packaging.

Le packaging doit aider les consommateurs à clarifier l'offre. Son rôle est donc avant tout de communiquer sur la marque du produit et non sur la marque de l'entreprise. Cet état de fait évolue de façon très sensible depuis quelques années. Une marque ne peut se diversifier si elle vend tous ses produits sous un même nom, car il y a risque de confusion pour les consommateurs. Il faut donc adopter une politique de marque produit, c'est-à-dire utiliser différents noms pour chacun des produits de la gamme.

PACKAGING = MEDIA

La notion de packaging « media à part entière » prend ici toute sa dimension, l'image visuelle étant un acte de communication qui fait appel à l'imaginaire pour interpeller et séduire. Ce qui démontre clairement que le packaging ne sert plus seulement aujourd'hui à protéger, présenter et contenir.

Comme tout autre media, le packaging touche des millions de gens de façon personnalisée, au même titre que la presse touche ses lecteurs de façon individuelle. Comme tout autre media, il possède plusieurs types de support, qu'il convient de prendre en compte par rapport à leur cible. Les supports se traduisent en packaging en termes de contenant : bouteille, boîte carton, plastique ou métal, ronde ou carrée, etc. Comme la presse et l'affichage, le packaging peut se présenter selon la cible suivant différentes formes. Comme la presse, le packaging touche l'individu séparément des autres, mais peut aussi toucher le groupe constitué de la famille, des amis ou des proches. Il présente comme la presse un plus grand nombre de lecteurs que d'acheteurs, et présente l'avantage comme un magazine télé d'être vu ou lu par tous presque tous les jours, et plusieurs fois par jour.

Un bon packaging doit être vu, susciter l'intérêt, le désir, l'imaginaire, véhiculer une personnalité spécifique et motivante en situation concurrentielle. Il doit déclencher le réflexe d'appropriation : il est le premier contact visuel et tactile sur les linéaires. Il serait facile de concevoir un packaging d'un volume et d'un design tellement original et novateur par rapport à son environnement concurrentiel que celui-ci ne pourrait trouver sa place en linéaire.

En effet, nous sommes confrontés au problème de rentabilité au mètre linéaire, et donc de volume de stockage des produits. Les boîtes rondes, par exemple, avaient été abandonnées au profit des boîtes rectangulaires, qui tiennent moins de place en linéaire et permettent de rentabiliser chaque cm^2.

Le quantitatif a longtemps primé sur le qualitatif. C'est désormais l'inverse, au profit de l'image. L'aspect visuel prime de plus en plus sur les problèmes d'espace occupé sur les linéaires (ex. : "Carte Brasserie" de William Saurin en boîtes octogonales).

Malgré cela, il ne faut pas basculer dans l'excès inverse, qui consiste à faire passer le design global avant le merchandising. Par exemple, il y a quelque temps, les glaces étaient conditionnées dans du polystyrène expansé, mais ce type de packaging tenait beaucoup trop de place en linéaire. Il a donc été remplacé par un packaging classique, moins épais, permettant de plus quelques innovations en matière de design volume.

Il ne faut pas négliger le fait que le principal souci en matière de conception volume packaging doit rester l'utilisation optimale de la place en linéaire, celle-ci étant de plus en plus difficile à obtenir. L'importance du facing en nombre contribue largement à l'impact visuel d'un packaging.

La création d'un nouveau volume pour le produit peut avoir parfois des conséquences surprenantes : par exemple, nous avons vu dernièrement apparaître sur le marché des lessives "micro". La réflexion merchandising qui aurait dû être entreprise lors de l'élaboration du packaging aurait pu permettre d'anticiper sur un problème d'implantation magasin, à savoir : pour le même nombre de références, le même nombre de boîtes, la surface occupée en linéaire est réduite de moitié. Conséquence : cette surface vide a pu être attribuée à des concurrents n'ayant pu jusque là trouver leur place en linéaire.

La seule possibilité pour ces lessives micro de conserver leur linéaire initial a été de suggérer au distributeur d'implanter sur cette surface vide les stocks occupant précédemment de la place en réserve. D'où un sur-stock en surface de vente. Il aurait été opportun de lancer au même moment que l'apparition d'une lessive micro, une autre lessive micro d'un parfum ou d'un avantage produit différent, afin de conserver la totalité du linéaire acquis avec difficulté dans le temps. Toutefois, il aurait pu aussi suffire simplement de proposer au distributeur une nouvelle approche concernant l'implantation globale des produits de la gamme. Et par là-même, de préserver le territoire, tout en améliorant le service rendu.

L'effet de cumulation. Lorsque plusieurs emballages identiques et de même format appartenant à la même marque sont placés côte à côte sur l'étagère, il se produit une image unique constituée par des emballages répétant le même motif. Toutefois une forme continue qui se rapproche de l'horizontale ou qui ondoie (B et C) a pour conséquence de favoriser le glissement du regard le long de cette forme jusqu'à ce qu'il s'immobilise sur un emballage concurrent. L'emballage A et surtout l'emballage D, à côté de leur appartenance évidente à un même fabricant, parviennent très bien à capter l'attention et à la retenir plus longuement que ce n'est le cas avec les deux autres emballages.

PACKAGING « MODE D'EMPLOI »

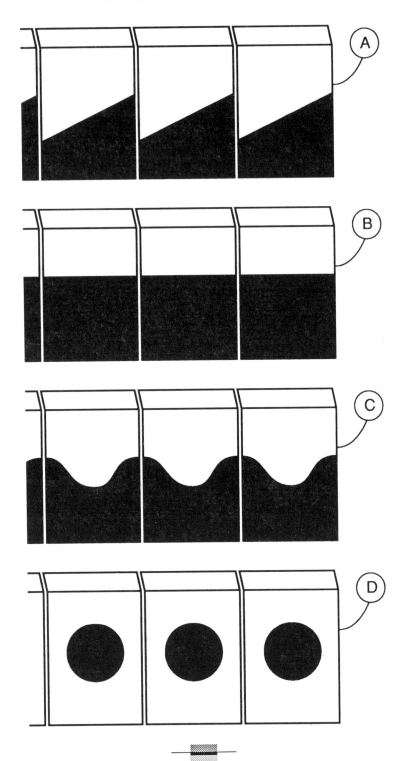

80

Lors de l'élaboration du packaging, il ne faut pas négliger non plus les problèmes de préhension du produit, et d'unité visuelle sur les linéaires. Le produit doit pouvoir aisément se distinguer des autres, tout en délimitant clairement son territoire.

En ce qui concerne le packaging et le merchandising, si votre produit ne présente pas réellement une nouveauté, ou une segmentation d'achat différente pour le consommateur, ces deux outils permettront à votre produit de faire la différence en ce qui concerne le premier achat, mais ne permettront pas l'acte déterminant qu'est le ré-achat du produit.

Par exemple, une nouvelle marque de café a voulu, pour se faire remarquer, utiliser le code couleur vert ne correspondant dans l'esprit du consommateur à aucun point de repère lui permettant actuellement de choisir sa catégorie de café (rouge : robusta, noir : arabica, bleu : décaféiné). Conséquence d'une nouvelle couleur : on se fait remarquer, mais on ne permet pas au consommateur d'acheter. La nouvelle segmentation d'un mélange (robusta et arabica) au packaging vert ne pourra s'imposer qu'avec le temps. Ce produit aurait pu s'imposer plus facilement avec un packaging noir et rouge.

Les conséquences d'un nouveau packaging sur le merchandising sont nombreuses. Elles influent sur la présentation du produit :
- broche,
- tablette,
- panière.

Elles influent :
- sur les stocks / facilités de réapprovisionnement,
- sur la gestion,
- sur la préhension du produit,
- sur la conservation du produit,
- sur la lisibilité des informations et de la marque,
- sur le positionnement du produit,
- sur l'image du produit,
- sur l'utilisation d'une face plutôt qu'une autre en face principale (facing).

L'environnement concurrentiel d'un produit doit avoir des conséquences sur la conception du packaging, ainsi que sur la réflexion d'implantation merchandising, qui ne seront pas conçues de la même façon selon la localisation de votre produit en magasin.

Si votre produit est vendu dans un rayon de regroupement, par exemple les gâteaux apéritifs avec les gâteaux sucrés, il faudra tenir compte de cet environnement pour la conception des deux actions. Si par exemple vos gâteaux apéritifs sont implantés au rayon des apéritifs, leur environnement concurrentiel sera cette fois-ci composé différemment. Il est nécessaire d'en tenir compte.

L'environnement concurrentiel a pour conséquence sur la conception packaging un élément déterminant qui est de savoir, selon sa position de leader, challenger, outsider ou suiveur, si l'on souhaite que notre produit s'intègre dans cet environnement, en en utilisant les codes couleurs ou de formes dominants, ou bien si l'on souhaite plutôt casser tous les codes existants, afin d'en imposer de nouveaux, qui permettront peut-être à la marque d'affirmer ses différences.

Les codes couleurs utilisés en conception packaging ont deux objectifs :

– le premier est de se faire remarquer,

– le deuxième est de clarifier l'offre pour le consommateur.

Exemple : les couches-culottes utilisent depuis plusieurs années des couleurs attribuées pour chaque âge d'utilisation. Le leader ayant imposé ses codes couleurs sans par ailleurs de signification spécifique de départ, l'ensemble des concurrents ont suivi. Ceci a eu pour effet immédiat de clarifier l'offre, et donc de satisfaire un peu plus le consommateur.

Le même phénomène s'est reproduit quelque temps après au rayon des cafés : les codes couleurs principaux étant aujourd'hui le rouge pour le robusta, le bleu pour le décaféiné, le noir pour l'arabica, quelle sera la place dans cet univers longuement défini d'une marque de café au packaging vert ?

D'autres rayons n'ont pas encore tiré profit de ces exemples nombreux, pour des raisons simples : aucun des fabricants ne souhaite prendre le risque d'imposer le premier des codes couleurs. D'autre part, la diversité et le nombre de produits existants ne permettent pas toujours, par l'utilisation de codes couleurs appropriés, de clarifier l'offre, mais au contraire la compliquent par un trop grand nombre de couleurs. Qui d'entre nous ne vit pas au quotidien par exemple la difficulté de choisir au rayon des gâteaux secs ?

> *Il est connu que le consommateur ne consacrera pas plus de quelques secondes à choisir un produit. La durée moyenne de présence du consommateur en hypermarché est de 20 mn (hors temps d'attente à la caisse) ; durant ce temps, il apercevra 5 000 produits différents (le temps de vision de chaque produit est par conséquent très réduit), alors qu'un hypermarché bien achalandé en possède 25 000.*

Concernant la visibilité, deux éléments interviennent : la couleur, qui sera le premier élément vu par le consommateur, puis la forme du packaging. Concernant la lisibilité, deux éléments interviennent : le choix typographique, et la taille des caractères. Malgré cela, selon que vous implanterez votre produit en implantation verticale, ou en implantation horizontale, la lisibilité ainsi que la visibilité nécessiteront une approche différente au niveau de la conception.

Certains problèmes sont incontournables comme l'éclairage des magasins, qui ne favorise pas du tout l'aspect attractif d'un produit ou d'une implantation, ou bien comme le fait qu'aux heures d'affluence le consommateur n'aura aucun recul dans les allées, lui permettant d'avoir une vue globale du linéaire afin d'effectuer son choix. Il est nécessaire de compenser ces problèmes, en évitant par exemple certaines couleurs trop subtiles, et certaines typographies illisibles.

13. Première réflexion de stratégie d'implantation merchandising

Chaque lancement de produit nécessite l'élaboration d'un dossier d'implantation et de recommandation merchandising, qui comprend :
- les informations principales concernant le marché,
- la recommandation d'implantation propre à votre produit,
- la préconisation d'implantation concernant les produits concurrents.

Sur ce dernier point, il est nécessaire de se mettre à la place d'un chef de rayon, à qui vous allez proposer des plans d'implantation pour votre produit qui par conséquent vont sûrement perturber l'ensemble de son linéaire, et à qui vous ne proposeriez pas une préconisation d'implantation pour les produits constituant l'environnement concurrentiel propres à son magasin : ce chef de rayon aurait raison de ne pas tenir compte de votre proposition.

Il fut une époque où les industriels proposaient aux distributeurs des plans de réimplantation globale de leurs linéaires manquant quelque peu d'objectivité. Seule une intégrité préservant l'intérêt du magasin, et donc de chaque marque, peut être acceptée. Cette honnêteté permettra sûrement à la marque ayant l'initiative d'obtenir auprès du distributeur une image forte qui lui permettra de fait d'imposer plus facilement ses nouveaux produits dans l'avenir. Le jugement définitif concernant la fiabilité et l'honnêteté de votre recommandation sera matérialisée dans les faits par une amélioration des rotations sur l'ensemble des marques du linéaire, et donc une amélioration globale des ventes.

Dans votre réflexion merchandising, l'ILV (Information sur le lieu de vente) a sa place, si celle-ci reste totalement informative en vue de rendre un service à la clientèle du magasin, et par conséquent à la marque. La PLV (publicité sur le lieu de vente) trouve malheureusement de moins en moins souvent sa place en magasin, car par son côté ludique, elle représente une surcharge de communication et d'informations pour le consommateur.

> Le consommateur se déplaçant à la vitesse moyenne de 1 m/seconde, il ne peut percevoir une marque ou un produit qui serait présenté sur moins de 30 cm de facing.

Concernant l'élaboration de votre dossier merchandising, un certain nombre de faits propres à chaque magasin doivent guider vos recommandations d'implantation :
- le sens de circulation,
- la situation des rayons,
- les power items ou produits à forte attraction,
- les bouts de rayon,
- les têtes de gondole.

Les critères déterminant pour la bonne présentation du produit en linéaire sont :
- la lisibilité et la facilité de reconnaître le produit,
- les facilités de réapprovisionnement,
- les incidences saisonnières,
- la facilité à saisir le produit.

Pour comprendre l'importance d'un plan d'implantation bien construit, nous allons observer la valeur des différents niveaux de présentation des produits. En faisant varier la position d'un produit d'un niveau à l'autre, nous obtenons les variations positives ou négatives de vente suivantes.

Pour un produit qui passe :
- du niveau 1 (le plus bas) au niveau 2 : + 34 %
- du niveau 2 aux niveaux 3, 4 et 5 : + 63 %
- du niveau 1 aux niveaux 3, 4 et 5 : + 78 %
- des niveaux 3, 4 et 5 au niveau 2 : - 20 %
- des niveaux 3, 4 et 5 au niveau 1 : - 32 %
- du niveau 2 au niveau 1 : - 40 %

> L'on constate que les produits qu'on veut vendre en quantité doivent être bien évidemment placés à la hauteur des yeux.

Ceci n'est qu'un aperçu de la réflexion merchandising qui devrait être faite pour chaque nouveau packaging.

> Le merchandising est le passage obligé d'un produit sans vente assistée vis-à-vis du consommateur.

Il pourra être intéressant pour affiner votre réflexion globale, de consulter un ouvrage récent s'intitulant *Le merchandising stratégique*, paru aux Éditions d'Organisation.

14. Packaging et promotion

Dans la pratique, les actions de promotion viennent souvent s'intégrer sur le packaging existant (promotion « on-pack »).

Qu'est-ce qu'une promotion ?

Une promotion consiste à ajouter temporairement à un produit une valeur supplémentaire offrant un avantage spécifique aux acheteurs concernés en fonction d'un objectif précis et mesurable.

De cette définition, on peut tirer 4 principes fondamentaux :
– la promotion est une exception ;
– la promotion est une impulsion ;
– la promotion est un accélérateur ;
– la promotion doit se faire regretter.

Dans le cycle de vie d'un produit, il y a toujours lieu d'intégrer à son packaging des promotions consommateurs.

La promotion qui va venir s'intégrer sur le plan visuel dans un packaging a l'avantage d'augmenter l'impact de celui-ci de façon ponctuelle ; elle peut présenter l'inconvénient de modifier sensiblement l'image visuelle du produit, et donc d'en modifier la reconnaissance et produire l'effet inverse de celui recherché.

Il est souhaitable de prévoir, lors de la construction graphique initiale du packaging, la meilleure intégration possible de promotions préservant l'image du produit tout en favorisant l'impact promotionnel.

15. Packaging et publicité

Présenter un packaging comme élément fédérateur d'une campagne de publicité permettra rarement de raconter une histoire qui donne une personnalité affective au produit. Le packaging en publicité doit toujours être présent, non pas pour raconter une histoire, mais plutôt pour la signer.

Cette signature est unique ; elle devient de ce fait l'élément de reconnaissance en magasin, et assure la liaison avec la communication globale.

Communiquer sur le packaging s'apparente aujourd'hui plus à de la « réclame » qu'à de la communication globale.

Le message essentiel que doit retirer le consommateur d'une campagne concerne un ou plusieurs bénéfices produit d'ordre technique, sociologique ou psychologique.

Le consommateur ne perçoit pas encore à ce jour le packaging comme un élément de communication en lui-même. Communiquer essentiellement sur celui-ci reviendrait à révéler sa véritable nature communicante, et pourrait mettre le consommateur en situation de méfiance ou réaction à l'égard de l'attraction que peut représenter le packaging. Ce phénomène s'est déjà produit en ce qui concerne les produits de cosmétique haut de gamme.

Les relations presse et le packaging

Il est assez rare qu'une véritable stratégie de communication presse autour d'un nouveau packaging soit mise en place. Cela nécessite en effet une organisation spécifique :
– constitution d'un fichier de supports presse adapté au packaging,
– établissement d'un dossier presse spécifique à chaque packaging.

Il sera nécessaire au préalable d'obtenir des premiers contacts avec les journalistes concernés. Le regard de la presse sur un produit ou un packaging sera impartial et sans concession. Une fois ce risque affronté, les relations presse avec la caution journalistique prennent alors toute leur dimension en favorisant à leur façon vos résultats marketing et commerciaux.

Presque toutes les entreprises qui ont recours à ce type de communication en tirent des bénéfices d'image très rapides et très forts.

Ce type de communication nécessite de petits budgets en regard des résultats.

16. Études d'impact : les pré-tests packaging

Faites-vous tester vos différents packagings ?
oui : 78,1 %   non : 14,1 %
parfois : 3,1 %   ne se prononcent pas : 4,7 %

Cette étape est indispensable pour obtenir le maximum d'informations concernant vos futurs packagings.

Différentes méthodes :
   – la méthode quantitative qui permet de mesurer ;
   – la méthode qualitative qui permet de comprendre :

16.1 La méthode quantitative

La méthode quantitative permet d'effectuer une mesure chiffrée des résultats prévisionnels de votre futur packaging. Plusieurs possibilités existent :

• Par implantation dans quelques magasins tests (situation de vente réelle sur la base de séries limitées).

• Par questionnaire en situation réelle d'implantation (sondage par questionnaire auprès d'un important groupe de personnes minimum) défini en tenant compte des CSP (catégories socio-professionnelles).

Chacune offre ses avantages ; vous devrez choisir avec beaucoup d'attention parmi celles qui vous seront présentées. La méthode importée des USA par PRETESTING EUROPE semble particulièrement adaptée.

Aussi réussi esthétiquement que soit un packaging, c'est placé dans son véritable contexte de concurrence sur le linéaire et dans les conditions d'exposition d'un magasin qu'il révèlera son efficacité réelle. L'expérience le prouve : tout test effectué dans un environnement concurrentiel limité fournit des résultats médiocrement significatifs ou même erronés (cf. tableau).

Tenant compte des conditions réelles dans lesquelles le consommateur perçoit vos produits, l'étude du facing vous permettra de tester votre packaging en fonction de :

- la réalité du linéaire : sa segmentation, la part et la situation qu'y occupe votre produit ;
- l'environnement concurrentiel de votre marque ;
- l'influence de l'organisation du magasin et de son éclairage sur la visibilité de votre marque.

Autant d'éléments que vous pourrez ainsi maîtriser avant même le lancement de votre packaging.

Des différentes études réalisées au cours de ces deux dernières années, PRETESTING EUROPE a pu dégager un certain nombre de critères de jugement réellement opérationnels. L'efficacité d'un packaging passe par cinq étapes.

- Être ou ne pas être vu.
- L'approche.
- Un message à mémoriser.
- L'image compétitive.
- Quand les consommateurs résistent !

1 - Être ou ne pas être vu

Être vu, telle doit être la première qualité indispensable de votre produit pour que le consommateur effectue son choix en tenant compte de votre offre. Couleurs, formes, logotypes contribuent en premier lieu à la visibilité de votre facing. Une observation de simple bon sens ! Mais en fait, *la reconnaissance visuelle n'est pas une raison suffisante de succès.* C'est l'un des indicateurs de performance les moins sûrs. Les produits les plus visibles ne sont pas forcément leaders en terme de vente.

Étape n°1 : il faut être suffisament visible, mais ce n'est pas parce qu'une offre est la plus visible qu'elle se vendra le mieux.

L'INFLUENCE DU CONTEXTE CONCURRENTIEL
(produit testé : shampoing)

Premier choix d'achat

Test n°	Nombre de concurrents	Version A	Version B
1	7	28 %	38 %
2	25	8 %	11 %

2 - L'approche

Le consommateur sera-t-il suffisamment attiré par votre produit pour s'en approcher et le prendre en main ? Tel est le deuxième critère d'efficacité de votre facing. L'acte d'achat en magasin est d'abord un acte physique et la visibilité seule ne suffit pas à provoquer la rencontre du consommateur et de votre produit.

Votre agence de création a pu vous présenter un packaging très séduisant lorsqu'il est présenté seul et dans le cadre d'un bureau. Mais que deviendra-t-il dans l'accumulation d'un linéaire ? Saura-t-il encore engendrer attirance et curiosité à un niveau suffisant pour que le consommateur désire se l'approprier ?

Par ailleurs on n'achète pas de la même façon une plaque de chocolat et une lessive. Achat impulsif, de nécessité, réfléchi... Chaque produit s'approche différemment. Et votre facing devra communiquer en conséquence.

Étape n°2 : le produit doit être non seulement vu, mais approché réellement et il est essentiel que le facing s'adapte aux différents types d'approche du consommateur.

3 - Un message à mémoriser

Le facing est un message. Au terme de son marché, le consommateur doit pouvoir se souvenir des produits qu'il a vus ou qui sont susceptibles de constituer un intérêt pour lui. L'achat n'intervient pas toujours au premier contact : il faut souvent du temps et c'est ici que la notion de mémorisation intervient.

Sachez apprivoiser votre consommateur ! Plusieurs contacts vont le rassurer. Ensuite, la facilité avec laquelle il pourra retrouver un produit qu'il a appris à apprécier est une variable déterminante de réachat. Enfin, bien que difficile à apprécier, le « bouche à oreille » est un facteur non négligeable d'un lancement réussi.

Étape n°3 : sa capacité à être mémorisé est un critère d'efficacité du facing, véritable support de communication.

4 - L'image compétitive

Dans l'environnement concurrentiel actuel, pour faire partie des « élus », un produit, qu'il s'agisse d'un savon ou d'une huile de moteur, doit communiquer clairement ses « plus produits », ses spécificités et ses avantages, et ceci de manière significativement meilleure que ses concurrents.

C'est la notion d'image compétitive qui donnera l'appréciation la plus juste de la performance du facing en ce domaine. L'expérience montre que cette mesure est la mieux corrélée aux chances de succès d'un produit : plus l'image compétitive d'un produit est élevée, plus les possibilités d'achat du produit sont grandes.

L'image compétitive donne d'autre part une appréciation d'autant plus précieuse du destin d'un produit qu'il est démontré que plus elle est élevée, plus le consommateur sera fidèle à la marque. C'est de loin le test le plus difficile à traverser.

Étape n°4 : Le facing doit refléter clairement le positionnement choisi et communiquer, d'une manière supérieure à celle de la concurrence, les « promesses » du produit (mesure de l'image compétitive).

5 - Quand les consommateurs résistent !

Votre facing réunit toutes ces conditions ? Bravo ! Mais un dernier obstacle peut repousser l'acte d'achat : la résistance du consommateur pour des raisons subjectives d'attitudes ou d'implication émotionnelle.

Parmi les très nombreux cas d' « ego-effects », on peut ainsi citer :
- *la déception* : un consommateur qui a été déçu par le produit ou qui lie son premier essai à un événement personnel désagréable ne le rachètera pas ;
- *l'effet de préconisation* : un consommateur restera fidèle à la marque d'huile de moteur préconisée par le constructeur de son automobile, même si une nouvelle huile propose d'énormes avantages en termes de fiabilité et de longévité. Le risque, touchant son moyen de transport quotidien, lui paraît généralement trop grand ;
- *le respect des choix précédents* : une femme restera fidèle à la marque d'eau de toilette qu'elle achète habituellement à son mari, même si elle est convaincue par la promesse d'une nouvelle marque afin de ne pas remettre en cause ses choix précédents. Cependant, le jour ou elle sera à la recherche d'une nouvelle image, elle pourra aisément changer de marque.

Étape n°5 : pour que le produit soit acheté, il est nécessaire qu'aucun autre élément de sa perception n'intervienne à son désavantage.

3 CAS DE TYPES DE FACING

	Cas A	Cas B	Cas C
Reconnaissance visuelle	N	O	N
Approches	O	O	N
Mémorisation	O	O	N
Image compétitive	O	N	O
Achats sur étagère	O	N	N
Conclusions	Go !	Stop !	Stop !
Recommandations	Publicité si possible	Problème de concept	Amélioration exécution ou publicité

Facing recalé. Que faire ?

L'étude des facings révèle de nombreuses situations différentes. Cependant, trois situations s'avèrent les plus fréquentes (ci-dessus).

Le cas A est un exemple de facing réussi, qui peut être optimisé en améliorant la reconnaissance visuelle du produit. Cela peut être un problème d'exécution du packaging : marque peu visible ou utilisation de codes couleurs non distinctifs. La publicité, dans ce cas, permettra aux consommateurs de mieux identifier le produit en les familiarisant avec son emballage, grâce à sa présentation sous forme de pack-shot.

Le cas B figure le principal écueil rencontré par les facings actuellement : la « promesse » du produit est mal présentée ou l'information mal hiérarchisée. Il peut s'agir d'un problème d'exécution, mais aussi d'un problème de concept. Là aussi, la publicité peut jouer un rôle d'assistance pour mieux situer les « plus » du produit et son positionnement.

Enfin, *le cas C* semble à première vue très défavorisé. En fait, moins qu'il n'y paraît, car ce facing communique des avantages au consommateur. Cette notion primordiale acquise, il est très facile de remédier aux autres faiblesses et de le transformer en facing efficace.

Intégrer la notion de facing dès la conception du packaging, le concevoir en terme de communication et le confronter aux attentes des consommateurs en « situation réelle », telles sont les clés d'un lancement réussi.

16.2 La méthode qualitative

La méthode qualitative permet de comprendre à l'aide de mots et d'images, les consonances négatives et positives de votre packaging. Plusieurs techniques existent :

- Réunions de groupe (table ronde consommateurs) représentant de façon la plus complète possible les différentes CSP*.
- Entretiens individuels,
- Entretiens de couples, de familles.

Selon votre produit, l'une de ces méthodes sera plus adaptée ; il vous faudra choisir selon les réponses qu'elles pourront vous apporter.

Les entretiens peuvent être menés à domicile, par téléphone ou au point de vente. Plusieurs techniques permettant le recueil de l'information peuvent être mises en œuvre conjointement afin de faire varier les points de vues.

Lors d'une même étude, plusieurs techniques sont utilisées :
- non directives,
- semi-directives,
- descriptives,
- projectives,
- créatives.

Vous pourrez, si vous le souhaitez, assister en direct aux réunions de groupe ou entretiens (derrière une vitre sans tain ou visualisation sur un écran TV).

Avant toute étude qualitative, une réunion vous permettra de formuler les objectifs de l'étude en fonction de l'utilisation qui doit être faite des résultats. Cela permettra d'adapter la méthodologie en termes d'objectifs, d'études, de délais et de coûts.

Les études, réunions ou entretiens, sont animés de façon intègre et impartiale par des socio-psychologues de formation. Une synthèse complète vous sera remise à l'issue de ces tests.

Une réunion de groupe dépasse rarement 8 à 10 personnes, sélectionnées suivant des critères précis définis au préalable. Elle dure environ 3 heures, les personnes convoquées ne connaissant pas à l'avance la raison du test.

Les méthodes qualitatives sont les plus couramment utilisées en pré-tests packaging. Elles présentent l'avantage de pouvoir explorer de façon plus approfondie l'identité, les forces et les faiblesses du produit, mais permettent moins que les méthodes quantitatives de vérifier l'impact d'une réalisation sur les ventes.

Il existe une autre méthode, appelée étude sémiologique, elle aussi couramment utilisée en pré-test packaging. Elle fait appel à la compétence d'un sémiologiste, qui effectuera une analyse complète et complexe des images véhiculées par votre packaging. Il peut vous être utile de consulter deux ouvrages récents parus aux Editions d'Organisation, l'un analysant de façon précise l'étude sémiologique, l'autre les tests marketing et packaging.

---

* CSP : catégories socio-professionnelles.

> **Attachez-vous aux résultats une importance**
> déterminante : 68,8 %
> secondaire : 15,6 %
> ne se prononcent pas : 15,6 %

A - Quelle importance donner aux tests ?

Aucun test ne pourra vous permettre de prévoir de façon catégorique les chances de succès ou d'échec de votre produit. Les tests pourront par contre vous éviter des erreurs graves, et vous permettre d'affiner vos choix stratégiques.

B - Comment conduire efficacement un pré-test packaging ?

Tout d'abord, il est nécessaire de bien définir les buts et objectifs du test, mais surtout de choisir la méthodologie la mieux adaptée à votre cas.

C - Les délais

Quantitatifs ou qualitatifs, il vous faudra prévoir environ 15 jours pour la réalisation et l'organisation des tests, et environ 1 semaine supplémentaire pour l'analyse. Les délais nécessaires à l'élaboration des tests doivent être impérativement prévus sur le planning de réalisation

D - Les coûts

Connaissez-vous le coût moyen d'un pré-test packaging ?	pré-test qualitatif	pré-test quantitatif
5 à 10 000 F	4,7 %	1,5 %
10 à 20 000 F	6,2 %	3,1 %
20 à 50 000 F	40,6 %	15,6 %
50 à 100 000 F	5,0 %	9,4 %
d'avantage	1,5 %	3,8 %
ne se prononcent pas	20,3 %	37,5 %

Ces dépenses moyennes concernant les tests vous permettent de vous faire une idée précise sur les tarifs réellement pratiqués.

Chapitre 4

LA SOUS-TRAITANCE

1. Taille de l'entreprise et sous-traitance
2. Avantages et inconvénients
3. Les étapes que vous pouvez réaliser vous-même
4. Les étapes à sous-traiter
5. Le coordinateur-packaging
6. Les critères de choix des sous-traitants

1. Taille de l'entreprise et sous-traitance

Selon la taille de l'entreprise, il est bien certain que les structures s'avèrent très différentes. Elles peuvent se situer d'une intégration totale à une décentralisation globale.

Si l'entreprise manage elle-même son marketing avec une politique commerciale bien en place, elle peut prendre en charge des étapes packaging et assurer une coordination générale avec ses différents partenaires.

Dans le cas d'un manque de structure, la sous-traitance globale s'imposera.

2. Avantages et inconvénients

2.1 Avantages

La parfaite maîtrise de ses réalisations est toujours intéressante, et la prise en charge de création/fabrication est source de formation. Dans le cadre d'une sous-traitance globale, il faudra un leadership, qui sera seul responsable, ce qui facilitera le suivi de vos dossiers.

2.2 Inconvénients

Dans le cadre de la sous-traitance partielle, les échanges devront être très clairs, et il faudra chaque fois s'assurer de la parfaite compréhension des problèmes posés de la part des intervenants.

Les risques seront plus marqués compte-tenu de responsabilités partagées et de l'instauration de rejet de responsabilité entre les partenaires. Il faudra cristalliser et créer une équipe.

Si la sous-traitance est globale, une vigilance toute particulière sera nécessaire afin de ne pas se laisser entraîner par le responsable à des dérives d'objectifs.

3. Les étapes que vous pouvez réaliser vous-même

- Les choix stratégiques de positionnement.
- Le brief.
- La connaissance de l'environnement produit.
- Le contenu rédactionnel.
- La marque.
- Les normes à respecter.
- Le dépôt de marque.
- La signature du produit.
- La première réflexion de stratégie d'implantation merchandising.
- La définition des contenances.
- Les tests.

Selon l'importance du travail, il est possible pour des raisons d'économie et de temps, de réaliser vous-même ces étapes.

4. Les étapes à sous-traiter

Toutes les étapes techniques, à savoir :
- les tests,
- les prises de vues ou illustrations,
- l'exécution des documents,
- la photogravure,
- l'impression.

Sous-traiter ne veut pas dire dégager sa responsabilité. Il faut comprendre et suivre le travail qui va être réalisé pour vous.

Il ne faut jamais changer de direction sur l'aspect général du packaging parce que tel ou tel fournisseur vous explique au cours du travail d'éventuels problèmes techniques. C'est son rôle de les prévoir au début du travail, à lui de trouver la ou les solutions qui vous donneront satisfaction.

Cette règle ne s'applique pas si votre fournisseur souhaite changer de procédé de fabrication en cours de réalisation du travail ; en effet, la seule chose importante est le résultat final, qui doit être conforme à votre commande.

Évitez sur un même travail d'avoir à faire vous-même la liaison entre trop de sous-traitants ; cela vous exposerait à des problèmes de coordination du travail, et à une perte de temps.

5. Le Coordinateur-packaging

Le métier de l'avenir en matière de packaging, c'est le COORDINATEUR-PACKAGING. Cette fonction existe actuellement chez certains distributeurs, et fait seulement son apparition auprès des industriels.

La création, le concept, la fabrication, l'impression, l'achat des packagings et leur interaction avec les contenus et leurs technologies de conditionnements ne sont pas des choses simples et ne s'improvisent pas.

Pour les distributeurs comme pour les industriels, le packaging fait partie intégrante du PRODUIT, il est un des éléments du MARKETING de la firme. La cohérence visuelle entre le produit et la firme est capitale pour assurer les deux pôles essentiels :

- l'identité,
- l'image de marque.

Les différents travaux à réaliser au niveau d'un achat global de packaging se répartissent en cinq grandes activités hiérarchisées comme suit.

5.1 Fonction « Création, études et techniques »

Peuvent s'y rattacher les contrôles et les missions d'information, de prospection, de recherches, etc.

5.2 Fonction « Imprimeur » (Sens large du terme)

L'une des plus difficiles certes, car elle doit englober non seulement tous les procédés d'impression mais aussi toutes les connaissances propres aux professions satellites : dessinateurs, maquettiste, photographes, photograveurs, transformateurs, façonniers, relieurs, etc.

5.3 Fonction « Relations humaines »

Implique la connaissance des fournisseurs et des clients, nécessite des réceptions et des visites, impose des relations avec les services fonctionnels et de production, dicte un rôle de chef.

5.4 Fonction « Achats »

Il en découle les rôles de conseil et de coordinateur qui font appel à la pleine connaissance des produits et des matériaux.

5.5 Fonction « Administrative »

Peut englober l'organisation de la création, des documents de synthèse, l'exploitation des résultats, le classement, les archives.

5.1 Fonction « Création, études et techniques »

A - Achats

La connaissance des processus de fabrication s'avère indispensable, étant donné la pluralité des achats qui se rapportent à des branches industrielles variées :
- métal (fer blanc, aluminium) ;
- verre (bouteilles, pots, flacons, gobelets) ;
- plastiques (films souples, injectés, thermoformés, etc.) ;
- papiers ;
- cartons ;
- bois, etc.

B - Consultations :

Certaines consultations ne peuvent se conduire sans l'établissement d'un cahier de charges qui doit :
- soit correspondre aux normes en vigueur (qu'il faut connaître),
- soit être établi en l'absence de normes.

Elles nécessitent réflexion et concentration d'esprit (analyse).

C - Présentation

L'élaboration de nouveaux produits et de leur présentation impose les notions :

- de compatibilité contenant-contenu (domaines des laboratoires),
- de contraintes des machines (moyens de production),
- des besoins du consommateur (études de marché),
- des lignes de conception et d'utilisation (ventes),
- des impératifs de transport et de présentation (fragilité, gerbage, préhension, etc).

Le coordinateur-packaging doit être capable de coordonner et de posséder au fur et à mesure de sa pratique l'ensemble de ces paramètres afin de construire, avec les différents professionnels participant à l'étude, la plateforme de travail :

- brief packaging ;
- définition des plans et niveaux de contrôles ;
- vérification des bons à graver et bons à tirer : dimensions, impression, contraintes techniques, etc. ;
- suivi de la qualité des présentations : rapprochement des témoins de chaque tirage avec le bon à tirer ;
- litiges : analyse des défauts, préjudice, règlement.

5.2 Fonction « Imprimeur »

Par l'importance des travaux d'impression et de leurs exigences scientifiques et techniques, l'imprimerie et tout ce qui s'y rattache représente la partie la plus noble mais aussi la plus complexe de la fonction Coordinateur-packaging.

En effet, généralement, la création d'un produit induit des actions médiatiques de tout ordre :

- impressions publicitaires : annonces, prospectus, bandeaux, affiches, etc. ;
- impressions de labeur : brochures, catalogues, livres, images, etc. ;
- impressions commerciales : imprimés offset, duplication de bureau, etc. ;
- impressions de presse : périodiques, journaux, mailings ;
- impressions PLV sur supports divers : papiers spéciaux, cartons, fer blanc, pellicules cellulosiques et plastiques, cartes et plans, etc. ;

- impressions de timbrage ou simili timbrage : cartes de présentation ;
- impressions au pochoir ou sérigraphie : décors verres, flacons, plaques PVC ;
- impressions spécifiques et pour lecture optique : documents informatiques, documents avec encres invisibles, magnétiques, aromatiques, à gratter, etc.

Or, il faut souligner que chacun de ces travaux types fait appel à des techniques particulières se rapportant aux supports utilisés, aux procédés d'impression et de clichage, et surtout au double problème de l'adhérence des encres et de leur séchage. Il s'avère difficile de choisir le procédé le plus adapté et le plus rentable en fonction des éléments précaires donnés par les clients.

A ce niveau, il faudra donc posséder la connaissance de tous les métiers de l'imprimerie ainsi que de tous ceux qui s'y rattachent.

5.3 Fonction « Relations humaines »

Le coordinateur-packaging quel que soit ce qu'il achète, se doit de nos jours d'être un commercial acheteur, tourné vers l'intérieur et l'extérieur de l'entreprise.

Il devra prendre des fournisseurs afin de déceler s'ils sont dignes de le rester. Pour ce faire, il lui faut ausculter en quelque sorte.

- Jauger, situer en prix, délais, qualité, constater les services rendus, interroger (déceler les particularités et les faiblesses).
- Bureau des méthodes : « Montrez-moi où est ma commande n° X ».
- Atelier : les machines, les hommes (âge).
- Contrôle : efficacité et possibilité de limiter ou supprimer le vôtre.
- Administration : structure, facturation (toujours des problèmes).

Il devra prendre des clients : pour conduire les achats auprès des fournisseurs. Il doit connaître particulièrement le potentiel d'achat de ses clients et l'expression de leurs besoins.

C'est à partir de ces éléments que le coordinateur-packaging pourra en collaboration avec les fournisseurs bâtir un programme commercial en tenant compte des rebuts, déchets, stocks, afin de définir les besoins nets d'achats.

5.4 Fonction « Achats »

Elle correspond au seul acte d'acquisition et se trouve à ce poste indéniablement dépendante des fonctions précitées :

- création ;
- techniques ;
- humaines.

A - Les achats

Ils se soldent en fonction de leur importance par la conduite de consultation dans le meilleur rapport qualité-prix. Encore faut-il définir la qualité directement associée à l'utilisation de l'article acheté.

A ces actes d'achat se soude systématiquement la négociation de délais de livraison. C'est le bon achat qui assure la garantie de l'image de marque.

B - Le conseiller

Au service des utilisateurs et des services fonctionnels, le coordinateur-packaging doit être en mesure de participer à l'élaboration des cahiers de charges techniques, d'apporter des éléments prépondérants au niveau des études de matériels, de fournir l'éventail des matériaux connus sur le marché et de les situer en valeur d'après leurs caractéristiques et prix. Il doit informer et renseigner.

C - Le coordinateur

Il doit assurer une coordination permanente, en ce qui concerne la qualité, avec les services de fabrication et de production. Il lui faut diriger vers les services fonctionnels spécialisés les fournisseurs en vue d'établir :

- des plans de contrôles,
- l'amélioration des méthodes de travail,
- la conduite des essais industriels.

5.5 Fonction « Administrative »

a) Elle implique la maîtrise des prix, du suivi de leurs fluctuations (hausse, baisse) ;

b) impose la connaissance des réglementations en vigueur ;

c) concrétise la fonction achat par la passation de commandes coup par coup, marchés cadencés ou contrats cadre ;

d) demande la tenue d'un planning de livraisons ;

e) comprend toute la partie purement administrative de suivi de facturation avec rapprochement journalier des documents comptables et établissement de pièces diverses propres à cette mission (imprimés, fiches stock, fiches de règlement, etc., travaux quotidiens très contraignants) ;

f) nécessite la création de fiches matériaux, de fiches fournisseurs, de tableaux de synthèse, de courbes de vie, d'historique, etc. ;

g) oblige par l'ampleur des documents d'un type technique (plan, processus de fabrication, composition de produits, photos, films, etc.) une méthode de classement et d'archivage appropriée.

Les relations Chef de produit/Coordinateur Packaging sont des **relations de client à fournisseur.**

Le coordinateur packaging doit :

- être techniquement au service du chef de produit ;
- entretenir un bon relationnel avec lui ;
- veiller au rapport qualité/prix et aux délais ;
- être capable d'accepter les impondérables.

Le chef de produit doit :

- analyser la concurrence sur les points informatifs et législatifs ;
- savoir ce qu'il veut ; rechercher le « plus-produit » ;
- être exigeant en résultat mais se plier à une rigueur de travail ;
- être disponible (ponctualité) et ouvert aux suggestions.

Conséquences :
- minimisation des erreurs,
- réductions des coûts et des délais.

Ainsi, le coordinateur-packaging se doit d'être un généraliste du packaging. Être à la fois acheteur, commercial, technicien et créatif dans le sens de posséder un œil graphique. De plus il lui faut faire preuve d'un grand nombre de qualités : humaines, assurance, de solides connaissances générales, facultés d'écoute, force du débatteur et fermeté dans ses prises de décision.

En somme le coordinateur-packaging qui a les relations avec tous les partenaires participant au packaging, internes et externes à l'entreprise, s'affirmera, sera connu et reconnu. Il provoquera l'adhésion de tous.

6. Les critères de choix des sous-traitants

6.1 Les agences de publicité

Le choix d'une agence de communication globale non spécialisée pour la réalisation de packagings doit se faire en fonction d'un budget de communication ultérieur pour votre société. La réalisation d'un packaging peut être un bon moyen pour tester leurs performances et leur capacité à défendre vos intérêts avec un plus gros budget.

Les agences de publicité sont devenues trop généralistes ; le problème packaging est devenu de plus en plus complexe, de telle sorte que des spécialistes du design produit et packaging ont fait leur apparition en nombre ces dernières années.

6.2 Les agences de création packaging

> *Comment choisissez-vous votre agence de création packaging ?*
>
> | | |
> |---|---|
> | *par relation* | *60,1 %* |
> | *suite à leur publicité* | *17,1 %* |
> | *par des guides professionnels* | *23,4 %* |

A - Comment les choisir ?

Compte-tenu des échanges fréquents liés à la réalisation de tout packaging, il est nécessaire que votre agence soit facilement accessible en transport, de façon à pouvoir organiser fréquemment des visites permettant de constater l'évolution du travail.

Si vous sélectionnez une agence qui n'est pas proche de chez vous (cela sera certainement le cas si vous êtes en province), il est nécessaire de vous assurer qu'une personne, idéalement le commercial de l'agence, sera à même de vous apporter la disponibilité et la fréquence de déplacement nécessaire.

Indépendamment de ces critères de disponibilité géographique, vous devrez choisir votre agence de création packaging en fonction de ses références clients, du secteur d'activité dans lequel elle a tendance à se spécialiser, de sa taille par rapport à la masse de travail que vous avez à lui confier, de son niveau d'équipement, mais surtout de son attitude volontaire par rapport à un premier travail.

Il est nécessaire, avant d'entamer toute collaboration, de s'assurer qu'elle ne travaille pas avec des sociétés trop directement concurrentes à la vôtre : en effet, malgré la grande discrétion déontologique présente en permanence à l'esprit de chacun, il peut toujours y avoir des « fuites ». Cette remarque ne s'applique pourtant pas aux produits à fort caractère (par exemple les parfums, etc.), pour lesquels il sera de toute façon impossible au vu de leur personnalité, de s'exprimer graphiquement de manière identique.

B - Comment choisir votre photograveur ?

Pour l'offset, il existe trois catégories de photograveurs :
- ceux qui travaillent pour la presse, qui sont en général très bon marché et de qualité moyenne ;
- ceux qui travaillent pour la publicité, qui sont en général très chers et de bonne qualité, et très rapides ;
- ceux qui travaillent pour l'imprimerie, ou les fabricants d'emballage, qui présentent un bon rapport qualité-prix, avec des délais plutôt longs.

Le choix de votre photograveur sera parfois fait par votre imprimeur. Il est pourtant souhaitable que vous effectuiez vous-même votre choix en considérant les trois catégories ci-dessus.

Pour les autres techniques d'impression (hélio, flexo, typo, etc.), il est recommandé de laisser votre imprimeur sélectionner le photograveur avec lequel il souhaite travailler, et ce compte-tenu de la complexité des échanges techniques.

C - Comment choisir votre imprimeur emballeur ?

En fonction : de ses équipements,
de ses références,
de sa disponibilité,
de ses tarifs.

Son équipement : selon le travail que vous avez à lui fournir, il est nécessaire de savoir s'il est équipé de machines 1, 2, 3, 4 couleurs ou plus ; en effet, si vous confiez un document 4 couleurs à un imprimeur équipé d'une 2 couleurs, il aura deux possibilités : ou passer 2 fois dans la même machine, ou sous-traiter le travail chez un de ses collègues, ce qui équivaut dans les 2 cas à un surcoût et à des délais plus longs.

Sa disponibilité : ne peut se vérifier qu'à l'usage, il est donc indispensable de vous renseigner à ce sujet.

La disponibilité d'un imprimeur se traduit par des délais extrêmement raccourcis, ainsi qu'une meilleure qualité du travail fourni.

Les prix : plus il est équipé, moins il sous-traite, plus il a pour souci de faire tourner ses machines le plus souvent possible. Conséquence : il sera beaucoup plus vigilant sur ses prix.

Chapitre 5

COMMENT TRAVAILLER AVEC LES DIFFÉRENTS PROFESSIONNELS DU PACKAGING ET QU'ATTENDRE DE LEURS SERVICES

1. Savoir formuler sa demande
2. Sur quels critères sélectionner les prestataires de service ?
3. Travailler avec les professionnels du packaging
4. La livraison
5. La réalisation
6. Le contrôle

1. Savoir formuler sa demande

1.1 Le langage de la profession

> *Le langage des agences de création packaging vous est-il familier et compréhensible ?*
>
> *oui : 90,6 %*   *non : 4,6 %*
>
> *ne se prononcent : pas 4,8 %*

Comme chaque profession, le monde du design a son langage ; celui-ci n'a pas pour but d'exclure ceux qui ne le comprennent pas, mais bien de raccourcir les échanges tout en les rendant plus efficaces.

Vous trouverez à la fin de ce livre les mots se rapportant au vocabulaire de la profession les plus couramment utilisés. Il est important de vous familiariser avec eux. Ils vous permettront d'exprimer clairement vos demandes, et permettront des réponses précises de la part de vos interlocuteurs.

1.2 Le brief packaging

Comment transmettre efficacement un brief packaging :

> *Comment transmettez-vous votre brief packaging ?*
>
> *essentiellement par écrit*   *18,2 %*
> *par formulaire type*   *10,3 %*
> *par document spécifique cas par cas*   *67,5 %*
> *autres*   *4   %*

A - Qu'est-ce que le brief ?

Le brief packaging représente le point de départ de tout travail. Il a pour but de définir clairement l'ensemble des étapes et objectifs à atteindre, et de fournir les informations nécessaires à la bonne réalisation du travail. Le brief se doit d'être le plus précis possible afin d'éviter les interprétations au cours de la réalisation du travail, et afin que l'exécution soit en parfaite adéquation avec votre stratégie marketing produit.

B - A quoi sert un brief packaging ?

Il est nécessaire de rappeler l'importance de l'enjeu commercial et marketing que représente la réalisation d'un packaging. Elle engage une somme d'investissements assez importante, suffisamment pour que le brief soit réalisé de façon très précise, et beaucoup plus que pourrait l'être un travail plus ordinaire.

Le brief packaging sert aussi à éviter que les créatifs soient trop des créatifs, et pas assez des techniciens soucieux de répondre avec précision à une commande spécifique. **Une agence de création packaging ne travaille bien que lorsqu'elle a des contraintes.** Un brief sous forme de cahier des charges reste le meilleur gage de la réussite.

C - Que contient le brief ?

a) **Les motifs du brief packaging :**

- lancement d'un nouveau produit ;
- extension d'une gamme de produits existants ;
- relancement d'un produit existant (revamping, lifting) :
  - changement de formule du produit,
    - nature et motifs ;
  - changement du packaging,
    - nature (forme, matériau, taille) et motifs ;
  - changement du design du packaging,
    - motifs : faiblesses du décor actuel.

b) **La description du produit :**

- nom du ou des produits ;
- nature du ou des produits - échantillons à fournir ;
- variétés - actuelles / futures ;
- avantage(s) sur les produits existants ;
- usages des produits / Habitudes de consommation ;
- habitudes d'achat.

c) **Votre politique de marque :**

- nom de la marque ;
- image de marque - actuelle / souhaitée ;
- positionnement de la marque - actuel / souhaité ;
- prix de vente - actuel / futur ;
- consommateurs / acheteurs - actuels / cible.

- promesse au consommateur ;
- autres produits sous la même marque - actuels / futurs ;
- liens / différences avec les autres marques ;
- publicité et promotion ;
- circuit de distribution.

d) **Le marché :**

- position de votre marque sur le marché ;
- produits concurrents :
  - marques   - parts de marché
  - société   - qualités
  - nature   - cibles
  - distribution   - prix
- historique du marché ;
- objectifs marketing à court terme - par exemple :
  - augmentation du volume des ventes,
  - augmentation de la part du marché,
  - augmentation du prix,
  - amélioration de l'image de marque / image de la société,
  - amélioration de la distribution,
  - etc.

e) **Ce que vous devez fournir à l'agence de création :**

- description et échantillons (ou photocopies) des packagings actuels et de ceux des concurrents ;
- description, documents et/ou échantillons des nouveaux packagings ;
- objectifs du design par ordre d'importance, par exemple :
  - communication des caractéristiques spécifiques du produit,
  - nouveauté / originalité,
  - mode(s) d'emploi,
  - reconnaissance de la marque,
  - identification du produit,
  - différenciation des variétés,
  - conformité à la gamme,
  - impression de taille (size impression),
  - connotation de la qualité,
  - valeur de prestige,
  - degré de sophistication,
  - impression « d'économie »,
  - impression donnée en linéaire,
  - aspect attractif,

- continuité avec le design actuel,
- identification de la société,
- signature packaging (base line).

Votre critère d'évaluation en terme d'efficacité du travail remis par votre bureau de création packaging pourra être le respect de ces objectifs, dans l'ordre d'importance définie lors du brief.

f) **Les précisions éventuelles pour le développement du design :**

- en cas de relancement : éléments du packaging devant rester inchangés ;
- dans tous les cas : par ordre d'importance, éléments du packaging avec leur positionnement souhaité (face, côtés, dos, bas...) :
  - logo de la société,
  - logo de la marque,
  - description du produit,
  - illustration du produit,
  - copie : texte exact.
- position exacte de la date de péremption (plans techniques), du code emballeur usine et du code à barres ;
- obligations légales :
  - indication poids ou volume,
  - « conservation » - « date limite de vente »,
  - nom et adresse de votre société,
  - copie (taille des lettres, chiffres, couleurs, etc.).
- espace nécessaire pour :
  - code à barres,
  - étiquette-prix,
  - adaptation promotionnelle.
- contraintes liées au type de point de vente (détaillants, hypermarchés, supermarchés, magasins spécialisés...) ;
- contraintes liées à la présentation en linéaire (panières, étagères, broches...) ;
- contraintes liées à la publicité / promotion ;
- contraintes liées à l'utilisation à domicile du produit ;
- précisions sur l'impression :
  - procédé utilisé,
  - nombre de couleurs,
  - impression combinée (amalgame) ou séparée.
- implications internationales :
  - besoin d'adaptation à d'autres formats, d'autres langues, etc.

- maquettes finalisées nécessaires pour :
  - la publicité (photos),
  - les outils de force de vente,
  - les tests.

g) **Les précisions pour le développement d'un nouveau conditionnement :**
  - taille (volume) ;
  - type d'emballage souhaité ;
  - matériau ;
  - contraintes liées :
    - à la conservation du produit,
    - aux manipulations (stockage, remplissage, fermeture...),
    - au transport,
    - au gerbage,
    - à la palettisation,
    - à la fonction en linéaire,
    - aux techniques d'impression.
  - limites techniques de production.

h) **Les recherches :** fournir une synthèse ou une copie de l'ensemble des documents suivants :
  - panels (Nielsen, Secodip...) ;
  - études consommateurs, attentes consommateurs ;
  - tests : important outil de validation s'ils permettent de juger et d'apprécier les qualités et l'efficacité d'une création, dans un environnement concurrentiel, et non de façon individuelle ;
  - plan de recherche.

i) **Le timing :** établir un plan d'action détaillé de la date de première présentation des roughs à la date limite de remise des documents.

j) **Le matériel à fournir - les annexes :**
  - échantillons produits ;
  - échantillons des packagings actuels de votre marque / des concurrents ;
  - échantillons et plans techniques des emballages devant être décorés / de l'impression ;
  - documents / illustrations existants ;
  - rapports de recherche ;
  - bromures logo / marque.

D - Comment préparer votre brief ?

Il est nécessaire d'établir un formulaire type interne à votre service marketing, et adapté à vos besoins. Il sera rempli selon chaque cas, et remis à vos interlocuteurs spécialistes packaging. Ce document exhaustif vous permettra de passer préalablement en revue toutes les questions auxquelles vous devrez apporter des réponses pour préparer efficacement votre brief.

E - Comment transmettre votre brief ?

Il vous faudra être particulièrement précis et organisé, mais suffisamment évasif quant aux solutions graphiques et volumes possibles. En effet, il n'est pas nécessaire de canaliser la création par vos suggestions. Assurez-vous toutefois que votre interlocuteur, indépendamment de la bonne compréhension du brief, a bien compris votre culture d'entreprise, ainsi que vos contraintes incontournables.

1.3 Check list exhaustive concernant la façon dont une agence de création doit prendre le brief packaging

Vous trouverez ci-après une check-list complète et détaillée concernant la façon dont une agence de création packaging doit prendre un brief packaging, avec :

- d'une part les questions qu'elle doit vous poser, qui sont des questions directes, permettant d'avoir une réponse claire et précise ;
- d'autre part ses questions indirectes, qui ont pour objectif de vous faire dire ou réagir sur des éléments inconscients qui seront indispensables à une bonne conception.

Ces questions permettront d'accumuler des informations nombreuses et précieuses pour mieux cerner à la fois l'interlocuteur, l'entreprise, le produit et offrir un travail plus fin et plus rigoureux ; ceci dans l'intérêt du client et de l'agence !

Cette collecte d'information n'empêchera pas dans un deuxième temps de poser des *questions directes*, cette fois-ci, sur le packaging à réaliser : soit sur l'existence et l'importance des différents éléments (du packaging), véritables enjeux du service demandé.

A moins qu'il n'y ait aucun élément de réponse dans cette deuxième phase il faudra toujours *vérifier la COHÉRENCE* entre les réponses (ou orientations) fournies à la deuxième phase et le diagnostic établi à la première phase.

Si cette condition est vérifiée, le travail n'est pas à reprendre, la réflexion et la création pourront être entreprises.

L'on terminera en rappelant la NÉCESSITÉ de ces 2 phases et de leur support.

LE TABLEAU DE BORD
(dont la présentation suit)

A - PREMIÈRE PHASE

LE MARCHÉ

OBJECTIFS :

– mettre à l'aise et rassurer sur son professionnalisme ;
– évaluer : • le niveau d'organisation de la société,
  • le niveau d'investigation (études).
– identifier les opportunités du marché ;
– connaître les caractéristiques de la cible visée pour une première élaboration de l'importance relative des éléments à porter sur la maquette.

TAILLE / VOLUME DU MARCHÉ :

Évolution (croissance, maturité, déclin)
Autres marchés proches (produits achetés par mêmes utilisateurs)

LA SOCIÉTÉ

OBJECTIFS :

– Est-elle organisée ? à quel point ?

– l'interlocuteur : son style, sa personnalité (obtus, entre-prenant) ; extrapoler à l'entreprise ;

– le degré de détermination dans les orientations déjà prises : sont-ils sûrs d'eux ?

– être en mesure de trancher entre un concept / style de packaging actuel, plus moderne, d'avant garde ;

– importance (taille-graphisme-couleur) à apporter à la mention de la marque sur le packaging en fonction de :
  - la notoriété,
  - la fidélisation à la marque,
  - la nature de la marque.

1) Création

Type d'activité

Marchés occupés et visés

Organisation

Faits marquants

2) « État de Santé »

Image de la société

Signe distinctif : emblème, logo

3) Notoriété / Image

Taux d'achat / de pénétration

Fidélisation de la clientèle

Logo / emblème ?

Marque : – générique
         – individuelle
         – déposée

4) Prix

Objectifs commerciaux

Exportateur ? – non
              – oui, quels pays ?

LA CONCURRENCE

OBJECTIFS :

— Mesurer le degré de connaissance des concurrents et dégager la volonté de l'entreprise face aux autres sociétés : se distinguer ? ou « copier » la stratégie et les packagings du (ou des) leader(s) ?
— Acquérir une certaine expérience de ce qu'il faut faire et de ce qu'il ne faut pas ou plus faire, grâce aux informations accumulées sur la concurrence.

1) Leader
   Challenger
   Suiveur
   Spécialiste

2) Leur opinion
   — sur la situation actuelle,
   — sur son évolution.

3) Leur notoriété
   Leur politique en matière de prix, de produit, de communication, de distribution
   Leur forces / Faiblesses

4) Les points forts / faibles des packagings de la concurrence
   Opinions / goûts de la société vis-à-vis de ces packagings

LE PRODUIT

OBJECTIFS :

– mesurer la quantité d'informations fournie à chaque question des différentes rubriques pour décider de :
  • l'existence,
  • l'importance relative,
des principaux éléments du packaging.

1) Nouveauté ? Innovation technique / technologique
   Concept, nature du produit déjà connus ?
   Concurrence faible, forte, moyenne.
   Inoffensif/dangereux
   Cohérence entre le contenant et le contenu.

2) Lancement
   Croissance, maturité, déclin
   Image antérieure
   – satisfaisante : points forts ?
   – non satisfaisante : points faibles ?

3) N'appartient pas à une gamme de produit
   Appartient à une gamme – respecter le positionnement et le conditionnement de la gamme :
   • oui - points forts du conditionnement,
   • non.

4) Caractéristiques spécifiques en terme de clientèle pour le produit de la société cliente par rapport à l'ensemble des produits de même nature
   Cible étrangère ?

5) Qualité du produit
   • facilité d'emploi, fiabilité, durabilité, précision, atout technique...,
   • Supérieure, normale, réduite.
   Caractéristiques du produit face à la concurrence
   • avantage(s), plus-produit, particularité,
   • style du produit.

6) Concept essentiel à garder en mémoire

7) Phrase vocation, plus-produit, mentions spéciales

LA DISTRIBUTION

OBJECTIFS :

– juger au niveau d'organisation de la société, au niveau de la distribution, de leur facilité d'anticipation, ou le cas échéant, de celle de l'agence de packaging ;
– identifier leur niveau d'exigence en ce qui concerne le linéaire ; intégrer ou non la contrainte de « continuité graphique » en linéaire.

1) Quels détaillants ?

hypermarchés, supermarchés, grands magasins, magasins populaires, petits magasins alimentaires, magasins non alimentaires : franchise, boutiques spécialisées...

(quel degré de spécialisation)

Quels grossistes ?

Quels transporteurs ?

Quels entreposeurs ?

2) Quelle part de linéaire traditionnellement attribuée au produit ? (sauf nouveau produit)

Quelle opinion ?

– satisfaisante : points forts ;
– insatisfaisante : points faibles.

Quelle disposition ?

– en longueur,
– en hauteur.

Nombre et parts de linéaire des produits de même nature :

– fort nombre, importance de l'identité visuelle,
– moyen,
– faible.

LA COMMUNICATION

OBJECTIFS :

— avoir une idée de l'importance de la communication, du budget alloué à la communication ;
— respecter la contrainte de cohérence avec la publicité et la promotion des ventes.

1) Publicité
   Promotion des ventes

   Publicité rédactionnelle - relations publiques
   Vente

2) Accroche(s) / slogans - communs ?

3) Non
   Oui
   • Objectifs : — informer,
                — persuader,
                — entretenir la notoriété.
   • Forme : messages presse, radio, emballage, mailings, catalogues, cinéma, journaux internes, brochures, affiches, annuaires, présentoirs, symboles et logos...
   • Axe, thème du message.
   • Problèmes résolus par publicité.

4) Non
   Oui
   • Destinée à qui ?
   • Forme : jeux concours, échantillons, foires/salons, bons de réduction, stands, remises, animation podium...

B - DEUXIÈME PHASE

LE PACKAGING

OBJECTIFS : récapitulation

Recueillir les grandes orientations sur la totalité des éléments du packaging, à partir cette fois-ci de questions directes.

Retrouver une certaine cohérence avec toutes les informations accumulées précédemment au moyen des questions indirectes sur les différents éléments devant constituer le packaging.

1) Non

   Oui

   • Points forts / Points faibles.

   • Cohérence avec les packagings de la gamme (si elle existe).

2) Contenance

   Format

   Matière

   Type d'ouverture

   Résistance mécanique

   Étanchéité

   Cohérence entre le contenant et le contenu

3) Nom du produit - son importance

   Nom de la société ou marque - son importance.

   Nature du produit : à mentionner ? + qualificatifs éventuellement

   Déclinaison en différentes langues ?

4) Accroche principale - son importance

Arguments complémentaires à mentionner ? leur importance.

Mentions spéciales.

5) Identité visuelle - son importance

Photo, graphique, dessin ?

6) Normes à respecter

Composition à mentionner ?

– contenu.

Conseils, précautions d'utilisation à mentionner ?

– leur contenu exact.

Mode d'emploi à mentionner ?

– son contenu exact.

7) Mentions adresse, métrologie et dates limites de vente

Contenance (volume et masse)

Adresse société

Code EMB et/ou FAB et/ou estampilles sanitaires

Date de péremption s'il y a lieu

Date de fabrication s'il y a lieu

8) Symbolisation par code à barres

Taille, placement

9) Existence d'une ligne de produits nécessitant en packaging sur le même modèle

- Non.
- Oui - sélectionner les éléments standards du packaging.

C - PHASE COMPLÉMENTAIRE

QUESTIONS A POSER SUR :	RECUEIL DES :
LE MARCHÉ	**INFORMATIONS NÉCESSAIRES AU PACKAGING**
Marché global	Forme des packagings
Structure du marché	Couleur vive / sombre Contraste / nombre
	Style de graphisme Quantité d'informations Illustration
Besoins et motivations	Mode d'emploi ?
Habitudes d'achat	Importance de l'accroche et du graphisme
	Simplicité / sophistication
Autres facteurs tenant à l'environnement	Couleurs Normes à mentionner Composition
LA SOCIÉTÉ	**INFORMATIONS NÉCESSAIRES AU PACKAGING**
Historique	Renseignements globaux
La marque	Logo Emblème ? à reproduire ?
Le produit	Degré d'élaboration Mentions à porter en différentes langues
Perspectives d'avenir	

LA CONCURRENCE	INFORMATIONS NÉCES-SAIRES AU PACKAGING
Position de l'entreprise sur son marché	Mentions originales à apporter
Renseignements complémentaires	
Mix de la concurrence	Forces à reprendre éventuellement Faiblesses à éviter
Packagings de la concurrence	Forces à reprendre éventuellement Faiblesses à éviter

LE PRODUIT	INFORMATIONS NÉCES-SAIRES AU PACKAGING
Le produit	Apparition / valorisation de la nature du produit
	Valorisation du nom du produit
Phase du cycle de vie	Apparition du mode d'emploi, des précautions d'emploi
	Caractéristiques de l'image à reprendre éventuellement
Rapport éventuel avec la gamme	Cohérence avec le conditionnement de la gamme Apparition / Valorisation de la marque
Cible	Couleurs Style de graphisme Quantité d'information (Traduction éventuelle en d'autres langues)
Attributs	Accroche complémentaire Publi-information Accroche principale Mention spéciale

Positionnement	Illustration
	Couleurs
Message	Accroche principale
	Nom du produit
LA DISTRIBUTION	**INFORMATIONS NÉCES-SAIRES AU PACKAGING**
Circuit de distribution	Maniabilité (facilité de transport)
	Signe distinctif (emblème, logo...) pour transporteurs, entreposeurs
Merchandising	Forme du conditionnement
	– alignement
	– superposition en linéaire
	Cohérence - illustration graphique - Continuité en linéaire
	Identité visuelle
LA COMMUNICATION	**INFORMATIONS NÉCES-SAIRES AU PACKAGING**
Outils de communication utilisés par la société	
Outils de communication pour le produit	
Publicité	Objectifs de communication et images à reprendre éventuellement
Promotion des ventes	
LE PACKAGING	**INFORMATIONS NÉCES-SAIRES AU PACKAGING**
Packaging antérieur ?	Cohérence avec le packaging de la gamme (s'il existe)
	Points forts à reprendre éventuellement

Volume	Nature Taille de la surface à « packager »
Signature	Nom du produit de la société Nature du produit (Possibilité de traduction en diverses langues)
Accroche	Accroche principale Accroche complémentaire
Illustration	Graphique Photo
Usage	Conseils/Précautions d'utilisation Mode d'emploi
Législation	Composition Mentions adresses Métrologie
Mentions complémentaires	Made in Code à barres Contenance Adresse de Société
Possibilité de modification	Éléments standards du packaging

2. Sur quels critères sélectionner les prestataires de service ?

Le premier critère de jugement est le respect :
- des délais,
- de la qualité,
- des devis.

Le deuxième critère est l'attitude de vos fournisseurs face à une difficulté ou un imprévu :
- sont-ils positifs ?
- sont-ils constructifs ?
- sont-ils imaginatifs ?
- sont-ils tout simplement présents ?

Les devis comparatifs vous aideront à juger de leurs performances en termes budgétaires. Le respect de la parole donnée, et la rapidité de réaction par rapport à votre demande, doivent être pour vous un critère de jugement de leur efficacité.

3. Travailler avec les professionnels du packaging

3.1 Les cabinets d'études et tests

Les cabinets d'études et de tests sont dans la plupart des cas des sociétés indépendantes des agences de création : il leur est en effet difficile de tester une création à laquelle elles auraient participé. Ils réalisent les post-tests nécessaires à l'évaluation d'un packaging, et éventuellement les pré-tests. Ils utilisent les méthodes de tests qualitative et quantitative, chacun d'eux mettant en œuvre pour cela des technologies légèrement différentes. Il est souhaitable, selon l'importance du produit, d'envisager au niveau d'un budget global, un budget destiné à des post-tests ; ceci permet dans tous les cas de faire des découvertes intéressantes voire surprenantes à l'égard d'un nouveau packaging.

Ces cabinets d'études emploient 5 à 20 personnes en moyenne.

3.2 Les agences de publicité

Les grosses agences : en général, celles-ci ne traitent la conception et réalisation de packagings que pour les clients réguliers de l'agence ; et, dans la majorité des cas, elles en sous-traitent de toute façon la réalisation auprès d'agences de création packaging, ne servant par là-même que d'intermédiaires, d'où un alourdissement des coûts de réalisation.

Ces agences emploient environ 100 à 200 personnes.

Les moyennes agences : même phénomène que pour les grosses agences, mais du fait de leur structure plus souple elles s'impliquent plus dans la conception et le suivi technique de réalisation des packagings.

Ces agences emploient environ 20 à 100 personnes.

Les petites agences : la plupart des petites agences prospectent leurs clients par la réalisation de documents imprimés ou de packagings, ceci leur permettant de gérer par la suite l'essentiel du budget communication de la société concernée. La presque totalité de leurs réalisations sont sous-traitées auprès des studios de création et d'exécution. Leur intervention se fait essentiellement au niveau de la recommandation stratégique du packaging.

Ces agences emploient environ 3 à 20 personnes.

3.3 Les studios de création publicitaire

Ils réalisent entièrement la conception du packaging, ainsi que son exécution finalisée, et ce avec pratiquement aucune sous-traitance. La phase de photogravure et d'impression pour les studios (comme pour les agences) est totalement sous-traitée. Les studios ont la réputation d'être très créatifs en édition, mais sont plus faibles en packaging ; leurs tarifs, parfois trop chers, parfois trop bon marché, démontrent le fait que ce ne sont pas toujours des sociétés commerciales bien organisées, à l'instar des agences de publicité ou agences de création packaging.

Les studios emploient environ 3 à 25 personnes.

3.4 Les agences de création packaging

Réalisez-vous vos packagings en collaboration avec votre :

- *agence de publicité*   *39 %*
- *agence de création packaging*   *82,8 %*
- *autres*   *7,8 %*
  (Commerciaux et cadres de l'entreprise / Marketing international / Industriels - Développement emballage (en interne) / Fournisseurs)
- *ne se prononcent pas*   *1,5 %*

> *Quelles relations entretiennent votre agence de créa-
> tion packaging et votre agence de publicité ?*
>
> *bonnes*   *53,1 %*
> *mauvaises*   *1,5 %*
> *de compétition*   *7,8 %*
> *aucune*   *21,8 %*
> *ne se prononcent pas*   *15,8%*

> *Faites-vous travailler votre agence de publicité en col-
> laboration avec votre agence de création ?*
>
> *oui : 53,1 %*   *non : 31,2 %*
> *parfois : 12,5 %*   *ne se prononcent pas : 3,2 %*

Les agences de création packaging sont les véritables maîtres d'œuvre créatifs pour la réalisation de packagings. Ce sont les spécialistes du packaging et du design en général, et ce sont des sociétés commerciales bien organisées, avec une réflexion stratégique permanente sur tous les travaux qui leur sont confiés.

On les confond parfois avec des agences de publicité, mais elles n'ont pas pour mission de bâtir des campagnes nationales faisant l'objet d'une stratégie à moyen terme, ni d'élaborer un plan média. Ces mêmes agences de création ont parfois tendance à se spécialiser chacune dans leur domaine : packaging, logo, design volume, design d'environnement, etc.

Elles peuvent vous aider à gérer au mieux toutes les interventions périphériques aux leurs :
- pré-tests packagings,
- réflexion merchandising,
- fabrication, etc.

La plupart sont installées à Paris, et il est encore rare de les trouver en province.

3.5 Les agences de création packaging : « mode d'emploi »

A - Administration

De l'efficacité de celle-ci dépend souvent l'ensemble de la prestation, car par cette étape passent toute la gestion et le suivi de chaque travail. Les agences de création packaging sont en général très bien organisées sur le plan administratif, et ont bien compris l'importance de cette fonction. A travers l'efficacité administrative, vous pourrez juger de la qualité globale de l'entreprise, ainsi que de la qualité de son management.

B - Compétences

Les agences de création ont parfois tendance à dévier de leurs compétences initiales de designers, pour se laisser emporter parfois vers un travail d'agence de publicité. Ceci peut s'avérer nécessaire pour rendre service à de petits industriels PME PMI, mais n'est absolument pas justifié pour des entreprises plus importantes. Certaines évolutions de compétences sont possibles, dans la mesure où elles sont cohérentes et en parfaite adéquation avec leur métier de base. A savoir :

- recherche de marques,
- recherche volume,
- recherche de faisabilité industrielle,
- design d'environnement,
- création de logotypes et livres des normes,
- conception rédaction,
- tests de concept,
- agence de presse, etc.

C - Concurrence

Il n'existe aujourd'hui qu'une seule association, l'ADC (Association Design Communication), regroupant 23 spécialistes en design et packaging adhérents. Pour le reste, l'ensemble de la profession reste à organiser. La concurrence semble loyale, mais très virulente ; chacun essayant de justifier son intervention par des spécificités produit toutes plus particulières les unes que les autres.

D - Cultures

Ces entreprises, d'origine créative, n'ont pas toujours su développer une culture d'entreprise originale. Seules celles ayant réussi à la développer comptent parmi les meilleures du marché.

E - Délais

La majorité des commandes sont urgentes, voire très urgentes. Toutes les agences de création packaging qui travaillent de façon professionnelles peuvent offrir à leurs clients des délais très courts, tout en assurant la qualité. On peut regretter toutefois les risques encourus du fait de ces délais à l'égard de la qualité et des erreurs possibles.

F - Différences

Les différences entre les agences de création packaging sont principalement dues à la façon dont est gérée et positionnée l'entreprise, et non essentiellement aux compétences de ses équipes.

G - Différences entre une agence de publicité et une agence de création packaging

Une agence de publicité réalise à partir de votre stratégie marketing la stratégie de communication globale. Une agence de création packaging traduit graphiquement vos objectifs marketing sur tous les supports que vous aurez à utiliser, et en particulier sur le packaging.

H - Équipement

L'équipement de base idéal d'une agence de création packaging se limite à :
- du matériel de dessin, complet et de très bonne qualité,
- un labo photo trait noir et blanc,
- un photocopieur de bon niveau,
- une salle de peinture aérographe.

Les compléments naturels sont :
- un poste P.A.O.,
- un poste C.A.O.,
- un poste D.A.O.,
- un photocopieur couleur.

I - Éthique / déontologie / produits non concurrents / secret professionnel

Les informations détenues par les agences de création sur les produits devant être commercialisés par tel ou tel industriel représentent une lourde responsabilité ; les conséquences d'une fuite d'information pouvant être désastreuses pour l'entreprise industrielle concernée. C'est pourquoi les agences de création entretiennent une grande confidentialité sur les travaux qu'elles accomplissent. Les agences de création sérieuses ne doivent en aucun cas envisager une collaboration avec une société trop directement concurrente à l'une des ses clients, sans l'accord de ce dernier.

Elles doivent particulièrement dans ces cas, et de toutes les façons, entretenir un climat de discrétion et de confidentialité absolue. C'est pourquoi vous trouverez souvent la porte des cellules de création/production interdite d'accès aux clients et à tout autre visiteur.

J - Expériences européennes ou internationales

Selon les marchés auxquels vous allez vous adresser, il peut être utile de faire appel à une agence de création connaissant bien les contraintes locales.

K - Formation

Il n'existe aujourd'hui aucune formation spécifique qui prépare à travailler en agence de création packaging. L'encadrement commercial et administratif est parfois issu d'écoles de marketing ou vente, et parfois d'écoles d'imprimerie ou arts graphiques. Les créatifs, exécutants et maquettistes, sont essentiellement issus d'écoles d'arts graphiques ou d'imprimeries.

L - Marketing et merchandising

La plupart des agences de création packaging ont intégré dans leur structure des professionnels du marketing, avec pour objectif non pas de définir la stratégie marketing de leur client, mais plutôt de la comprendre parfaitement bien ; et ce afin d'accompagner les solutions graphiques proposées d'une recommandation écrite de la meilleure stratégie packaging. Cette compétence marketing permet dans certains cas d'envisager pour le produit un positionnement ou des solutions n'ayant pas forcément été envisagés par l'industriel.

En ce qui concerne le merchandising, les agences de création n'ont pas encore suffisamment intégré cette variante du marketing dans leur réflexion. Il leur sera nécessaire à terme de développer leurs compétences dans ce domaine. Les principales recommandations merchandising faites à ce jour le sont à travers des présentoirs, box-palettes ou balisages, et non à travers une première réflexion stratégique.

M - Positionnement

Chacun se positionne sur le haut-de-gamme de la création et des compétences. La notion de haut-de-gamme à travers le service reste encore assez étrangère. On travaille souvent avec une agence de création pour sa **créativité** et ses **compétences techniques**, et non suffisamment pour ses notions de **disponibilité** et **de service**. Les futurs leaders de ce marché devront impérativement regrouper ces 4 qualités .

N - Références clients

A travers les références clients présentées, il est souhaitable de connaître le niveau réel d'intervention de votre interlocuteur : création, fabrication, etc., mais aussi et surtout la méthodologie appliquée au déroulement des travaux présentés. Il est nécessaire de ne pas chercher à transposer ses produits au travers des travaux présentés, chaque cas étant particulier. Il est par contre souhaitable de transposer la méthodologie de travail qui pourrait être applicable à votre produit.

O - Relations commerciales

Certaines agences de création entretiennent une relation commerciale pas toujours très spontanée avec leurs clients. Ceci est dû à un problème d'identité et de reconnaissance professionnelle. Ces agences cherchent à se positionner comme plus compétentes que leurs clients, afin d'obtenir la bonne crédibilité et de bonnes retombées commerciales. Une relation d'égal à égal ne pourrait que favoriser la démystification d'une profession qui en a bien besoin. Les agences de création sont dans l'ensemble assez disponibles pour leurs clients ; la différence de qualité et de disponibilité pour chacun passant par une véritable capacité d'écoute, et d'une réponse précise à un problème posé.

P - Résultats financiers

Le chiffre d'affaires moyen se situe entre 700 et 1 MF par salarié.

La marge brute moyenne se situe entre 50 et 70 %.

Le profit net moyen se situe entre 8 et 15 % .

Q - Services

Toutes les agences de création packaging proposent de nombreux services périphériques. Assurez-vous de leurs compétences dans ces domaines à travers leurs réalisations et la structure mise en place les concernant.

R - Sous-traitance

Toutes les agences de création sous-traitent une partie de leur production ; le plus souvent cela ne concerne que les travaux de production, et non ceux de la création, difficiles à sous-traiter.

Ces étapes de sous-traitance ne sont pas forcément une mauvaise chose, surtout si elles permettent à vos fournisseurs de respecter leurs délais, mais aussi et surtout la qualité maximum, sans avoir d'incidence pour vous sur les coûts.

S - Structures et organisation

Les agences de création sont dans l'ensemble très bien structurées ; on y trouve, pour les meilleures, les types d'organigrammes suivants (voir p. 134 - 135).

T - Suivi technique fabrication

La plupart des agences de création sont organisées pour suivre la fabrication des packagings. Leurs compétences dans ce domaine sont exclusivement égales à leur expérience. En effet, en matière de packaging, tous les supports présentent des aspects et des contraintes de fabrication spécifiques. Il est donc souhaitable de faire appel soit à une agence dotée d'une grande méthodologie, rigueur et organisation, pour approcher un nouveau problème packaging, soit à une agence possédant déjà l'expérience spécifique à votre problème.

U - Tarifs

Il n'existe pas de normes tarifaires établies par la profession ; chacun proposant ses services en échange d'un tarif horaire établi au préalable, ainsi qu'un niveau de marge sur les achats qui seront refacturés. Certains excès de tarifs, trop bas ou trop hauts, sont à regretter car ils faussent toute appréciation du marché et peuvent donner une mauvaise image de cette profession.

(Voir budgets chapitre 6).

V - Typologie d'entreprises

Il existe 2 types d'agence de création packaging :

• celles qui revendiquent la compétence créative et artistique ;

• celles qui revendiquent la compétence marketing et créative.

Les 2 types possédant les mêmes créatifs, issus des mêmes écoles, seuls le discours et la façon de manager leurs équipes permet de traduire cette différence dans les travaux présentés.

ORGANIGRAMME 1 : concerne les agences de taille moyenne

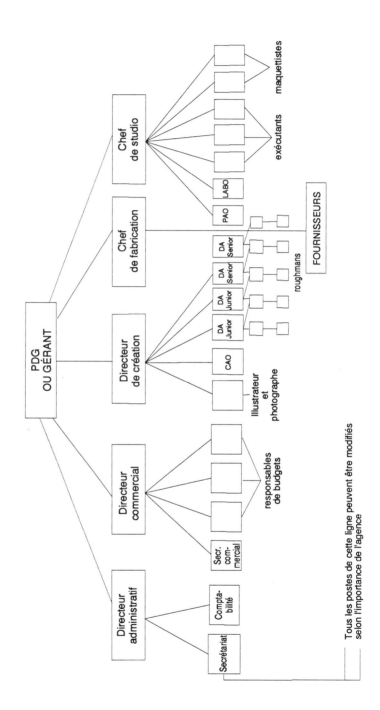

ORGANIGRAMME 2 : concerne plutôt les grosses agences

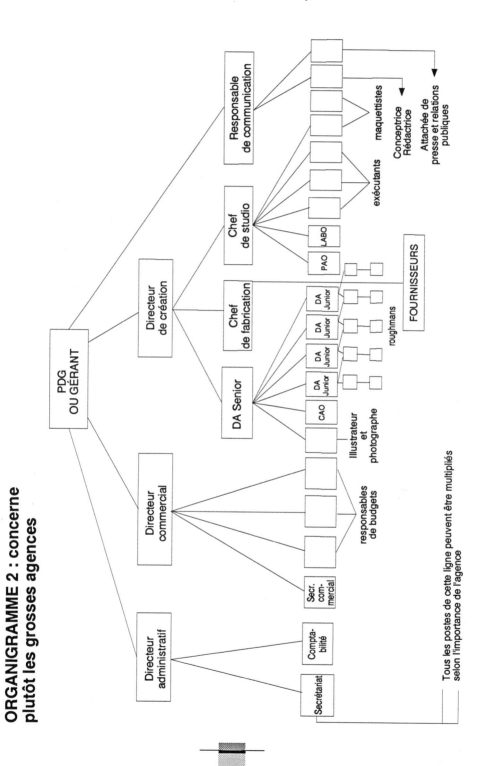

Quelles sont les qualités que vous attendez d'une agence de création packaging, et dans quel ordre ?

1 créativité	*7 structures organisées*
2 confidentialité	*8 relations commerciales*
3 délais	*9 expériences européen-*
4 connaissances mar-	*nes et internationales*
keting et merchandising	*10 références clients*
5 tarifs	*11 efficacité administrative*
6 suivi technique fabri-	*12 équipements*
cation	*13 positionnement*

Quelle est la durée moyenne de collaboration que vous entretenez avec une agence de création packaging ?

3 mois	*23,4 %*
3 ans et +	*15,5 %*
2 ans	*42,3 %*
ne se prononcent pas	*18,8 %*

Quelles relations instaurer ?

Vos interlocuteurs commerciaux devront transmettre aux créatifs vos objectifs, vos ambitions et votre passion. Il est certain que l'adhésion réelle à votre projet ne peut se faire que par un climat de confiance et de détente. C'est dans ces conditions que vous obtiendrez le meilleur de votre agence packaging et des créatifs.

La rencontre avec les créatifs

Les créatifs irréguliers et rêveurs n'ont pas leur place dans une agence de création. Vous y rencontrerez en général des créatifs ressemblant parfois à de véritables techniciens, parfois à de véritables créatifs. Le packaging repose sur une méthodologie de travail sans comparaison avec un travail confié à un créatif d'agence de publicité. La réflexion, la rigueur, la créativité, la sensibilité, doivent en effet cohabiter chez eux avec la compétence technique en matière de fabrication. Leur comportement à l'égard du client passe par une période d'observation, au cours de laquelle ils découvrent à travers celui-ci la face cachée du produit, pour lequel ils se seront sûrement pris d'affection. Un petit mot d'encouragement de la part du client peut les aider à remplir de façon encore plus efficace la mission indirectement confiée !

Comment juger leur créativité ?

La créativité ne se juge pas de façon subjective. Elle se juge surtout par la réponse qui a été faite à votre brief. Seule une réponse parfaite à celui-ci peut ensuite vous donner envie d'apprécier le travail de façon plus subjective et artistique, et ce afin de faire un choix d'image pour votre produit.

> *Vous sentez-vous compétent pour juger sa créativité ?*
> *oui : 93,7 %   non : 1,5 %*
> *parfois : 1,5 %   ne se prononcent pas : 3,3 %*

> *Si oui, comment jugez-vous cette créativité ? Dans l'ordre :*
>
> *1 réponse à votre brief*
> *2 personnalité de la réalisation*
> *3 nouveauté*
> *4 originalité*
> *5 autres : Correspondance au positionnement du marché (tests) / code du marché / image véhiculée / impact / qualité.*

Les créations présentées

Indépendamment des recommandations de votre agence de création, comment allez-vous choisir ? Une fois que vous aurez exclu tout ce qui éventuellement ne répond pas à votre brief, votre intuition face à un choix devra l'emporter sur la raison, surtout si cette intuition est aussi spontanément partagée par d'autres. De toute façon, les quelques versions finales entre lesquelles vous hésiterez devront être testées.

Les arguments indiscutables des créatifs

Ne vous laissez pas emporter par des arguments en apparence très percutants ; plus le travail qui vous sera présenté sera bon, moins les créatifs chercheront à vous le vendre.

Refuser un travail non conforme et faire refaire le travail

Si les travaux qui vous sont présentés n'apportent pas une réponse suffisamment précise à votre brief, et ce point par point, il sera nécessaire de faire refaire le travail. Encore faut-il que votre brief soit élaboré comme nous le verrons plus loin, exhaustif et clair, et remis au propre par votre interlocuteur.

Vos suggestions

Méfiez-vous de vos suggestions. Elles peuvent être comprises comme une demande précise, et traduites comme telles. Dans ce cas, vous aurez bloqué toute créativité et toute possibilité d'innovation.

Comment l'équipe vous apprécie-t-elle ?

L'équipe apprécie le client tel qu'il se comporte avec elle. L'image du client, parfois tempérée par les commerciaux, est ici égale à elle-même, et ne permet pas de tricherie : être soi-même et ne pas chercher à jouer un rôle particulier sont les meilleures chances pour être apprécié à sa juste valeur.

3.6 Les photograveurs

Le travail des photograveurs ne peut se faire qu'à partir des documents d'exécution, depuis lesquels ils vont pouvoir réaliser des films indispensables au travail de l'imprimeur. Les photograveurs ont pour mission de reproduire avec précision les documents d'exécution fournis. Ils n'ont pas pour mission d'interpréter les documents en fonction de leurs appréciations. Le jugement de leur travail se fait à partir d'un « cromalin », d'une gamme, d'un système d'épreuves tel que FOR-CAST, SIGNATURE, etc., ou bien d'un essai sur support définitif.

Les photograveurs, comme toutes les autres corporations, ont vu leur matériel et leur technique de travail évoluer de façon sensible. Mais il existe encore aujourd'hui deux catégories de photograveurs :

– ceux possédant des équipements de pointe,

– ceux possédant des équipement plus traditionnels.

Cela ne veut pas dire pour autant que les premiers réaliseront un meilleur travail que les seconds ; ils auront tout au plus davantage de possibilités techniques, qui permettent en l'occurrence de gagner du temps, et offrent un large choix d'effets spéciaux.

En effet, dans ce métier plus qu'ailleurs, la qualité de l'homme face à la machine fait la différence.

La photogravure est un poste budgétaire élevé, le plus souvent additionné au coût de l'impression au niveau des devis, de sorte que beaucoup oublient totalement cette étape importante du travail, à la lecture de ces devis.

Le photograveur emploie environ 15 à 60 personnes.

3.7 Les imprimeurs/emballeurs

A partir des films et cromalins, gammes ou essais fournis par le photograveur, les imprimeurs réalisent l'impression du packaging. Ils ont pour objectif d'imprimer avec précision le travail du photograveur.

Les imprimeurs n'ont pas pour mission la relecture des documents à imprimer, mais sont toutefois responsables du contenu de ce qu'ils impriment. De ce fait, ils soumettent à leurs clients un « bon à tirer », qui a pour principal objectif de dégager leur responsabilité en leur donnant quitus pour le tirage intéressé.

Il est connu dans ce métier des industries graphiques que tout le monde sous-traite son travail dans tous les sens, et à toutes les étapes. La qualité du résultat final ne peut être remise en cause de ce fait.

Les quantités commandées à un imprimeur peuvent être majorées ou réduites de son propre chef jusqu'à 10 % (un barème de pourcentage quantitatif précis existe) : ces 10 % correspondent à ce que l'on appelle en langage technique « la passe ». Cette passe est nécessaire au réglage des machines, et selon la rapidité avec laquelle la machine aura été réglée, il est possible qu'il vous livre et vous facture 10 % de tirage en plus, voire 10 % de tirage en moins. Cette pratique est totalement autorisée par la loi. En cas de contestation de la part d'un client, l'imprimeur aura toujours raison.

Il est donc nécessaire de connaître cette situation avant d'entreprendre tout travail, et éventuellement d'avoir cette discussion avec son imprimeur préalablement, quitte à établir un contrat particulier de gré à gré.

Les imprimeurs emploient de 20 personnes environ jusqu'à un nombre parfois très important (250 à 1 000 personnes), selon le secteur d'activité dans lequel ils travaillent.

3.8 Les spécialistes en recherche volume packaging

Il existe depuis quelques années des nouvelles sociétés spécialisées en recherche de volume packaging appelées aussi agences de design industriel. Celles-ci sont souvent issues de sociétés spécialisées en esthétique industrielle. Elles assurent la recherche créative, mais aussi et surtout la recherche de faisabilité industrielle, à travers la définition précise de formes, de fermetures, etc. Ces sociétés n'ont pas encore la place qu'elles méritent sur le marché, car la plupart des entreprises fabriquant des produits de grande distribution intègrent un chef de fabrication qui remplit cette fonction. Ces sociétés sont présentes dans les principaux guides de design.

3.9 Les sociétés de recherche de marque

Véritables entreprises à part entière, elles sont hélas encore peu connues et reconnues par les industriels ; leur rôle est pourtant essentiel et ce en particulier à la veille du marché européen. La création d'une marque repose sur un grand nombre de règles de travail, de la création du nom au dépôt de la marque dans les pays de commercialisation. Ces sociétés travaillent directement avec les fabricants et/ou les distributeurs. La marque, résultat de leur travail, est ensuite remise à l'agence de création, afin de pouvoir commencer le travail de construction d'un logo autour de la marque, ainsi que son intégration sur le packaging. Parfois des cabinets spécialisés en propriété industrielle et adhérents à la CNCBI (Compagnie Nationale des Conseils en Brevets d'Invention), organisme officiel indépendant, assurent les mêmes prestations que les agences.

3.10 Les concepteurs rédacteurs

Il n'existe pas de sociétés spécialisées connues pour remplir cette fonction. La conception d'accroches rédactionnelles ou l'élaboration des textes produit est aujourd'hui réalisée soit de façon artisanale par les industriels eux-mêmes, soit par des concepteurs rédacteurs professionnels indépendants. Il n'existe pas en France d'école de conception rédaction spécialisée en packaging. Certains écrivains, journalistes ou passionnés de conception rédaction se sont simplement spécialisés dans ce domaine. Vous pouvez entrer en contact avec eux à travers certains guides professionnels qui leur consacrent une rubrique spécifique.

4. La livraison

Les devis de l'imprimeur concernent un seul point de livraison, le plus souvent défini à la réalisation du devis, la livraison étant comprise dans le prix (vous pouvez demander des devis pour des lieux de livraison différents).

Vous pouvez demander au préalable que vos packagings soient regroupés par paquets, chacun d'une quantité définie par vous. Cela engendrera néanmoins un surcoût. Ces paquets, pour des emballages papier ou carton, seront fermés le plus souvent avec des papiers kraft, mais sachez qu'un exemplaire du packaging contenu sera collé sur chaque paquet. Cela facilite le repérage pour la manutention, mais de ce fait vos packagings lors de la livraison à votre entreprise seront visibles par tous.

Vous allez lors de la livraison vous assurer (ou vous faire assurer selon un cahier des charges que vous aurez remis à la personne qui réceptionne la livraison) que le travail livré correspond bien à votre demande. Vous allez pouvoir porter un jugement sur ce packaging sur lequel vous avez longuement travaillé, et vous serez totalement ou partiellement satisfait.

Si la qualité de la livraison ne vous convient pas – un packaging avec une encre qui a coulé, un mauvais pliage, un mauvais assemblage, ou ne correspondant pas au modèle précédent par ses couleurs ou sa qualité – n'hésitez pas à vous expliquer avec votre imprimeur et le cas échéant à faire refaire le travail.

5. La réalisation

Quelle étape de la réalisation packaging vous semble la plus difficile ?

1 réflexion marketing   *4 photogravure*
2 création   *5 exécution*
3 fabrication

Schéma d'intervention d'une agence de création packaging

Éléments intervenant dans le coût de la réalisation d'un packaging et qui pourront vous être facturés par votre agence (cf. chapitre budget 6.3).

Étape de création :
- analyse et recommandations,
- création : 3 directions différentes minimum,
- mise au net (éventuellement plusieurs séances),
- maquettes semi-finalisées,
- frais techniques.

Déclinaison :
- changement de typographie, de couleur, d'illustration, etc.,
- dans un même format.

Adaptation :
- changement de format ou de nature de l'emballage.

Maquettes finalisées :
- toutes faces,
- tous textes en place,
selon complexité ou nature du procédé : sérigraphie ou transfert.

Documents d'exécution :
- documents conventionnels,
- réalisation de graphismes particuliers,
- éléments graphiques en puzzle.

Photographies :
selon complexité,
- standard,
- ambiance y compris toutes assistances.

Illustrations :
selon complexité,
- hyper-réalistes,
- standards,
- figurines.

Assistance technique :
- réunion technique, bon à tirer sur machines, etc.

Frais de déplacement

5.1 Transmission du brief packaging au créatif par les commerciaux de l'agence de création

Les clients des agences ne rencontrent pas forcément les créatifs lors des briefs, mais plus souvent les commerciaux qui vont ensuite leur retransmettre le brief. Cette situation est souhaitable, car les créatifs ne sont pas toujours entraînés à opérer une sélection des éléments essentiels de votre brief, et particulièrement du brief transmis oralement. Le fait qu'ils assistent à votre brief peut vous amener à émettre des idées qui risquent de canaliser la création et limiter les axes et solutions possibles.

Il est tout d'abord nécessaire pour le commercial de l'agence de création – avant de briefer les créatifs – de s'assurer que le brief remis par le client a bien été complété sur tous les points lors du rendez-vous. Il va falloir ensuite en faire si nécessaire la synthèse, c'est-à-dire traduire les éléments statistiques de façon rédactionnelle.

Lors du brief au créatif, qui ne devra subir aucune déformation de fond par rapport au souhait du client, le commercial devra considérer que de la qualité de ses propos, de sa conviction et de l'estime qu'il a de son client dépend la qualité du travail qui lui sera remis. Il est de rigueur pour motiver les créatifs et les faire réagir sur le sujet de façon plus rapide, que le commercial s'efforce de devenir lui-même créatif, et par le fait émette le maximum d'idées ou de pistes créatives non directives.

Un bon brief se prépare : il est par exemple inconcevable de briefer une équipe créative sans avoir fait une analyse des points forts et des points faibles des packagings des concurrents. Il faudra de toute façon que les créatifs puissent donner libre cours à leur imagination, dans les limites des contraintes du brief.

Le commercial donnera une échéance au créatif, en comprenant leurs angoisses sur les délais toujours trop courts, car en effet, au moment du brief, la solution reste à trouver.

5.2 La conception

La conception packaging est parfaite lorsqu'un travail de réflexion créative a été entrepris, d'une part concernant l'habillage graphique, d'autre part concernant le volume, la forme, ou le matériau utilisé. Les matériaux et les techniques de fabrication d'aujourd'hui permettent une créativité presque libre concernant la réalisation de volumes et de formes.

L'habillage graphique doit représenter la meilleure harmonie possible entre le volume, le graphisme de marque, le visuel principal, les couleurs, les typographies utilisées. Il faut penser dès ce stade du travail aux évolutions futures du graphisme, celles-ci étant souvent liées aux phénomènes de mode. **La durée de vie moyenne d'une construction graphique est de 18 mois à 2 ans pour un produit de grande consommation alimentaire.** Elle est de 6 à 8 mois sur le marché japonais. La conception graphique d'un packaging, ainsi que sa forme doivent avoir une personnalité très forte et néanmoins adaptée au marché.

Trois objectifs :

- attirer le regard du consommateur,
- être identifié,
- être reconnu.

L'ensemble doit rester cohérent en regard du produit et de son environnement. Il ne s'agit pas de faire n'importe quoi et de surprendre pour surprendre à n'importe quel prix. Nous devons considérer le produit dans son individualité et dans son marché, autrement dit dans son linéaire et dans l'homogénéité imposée par le linéaire qui l'accueille.

En conception packaging, il n'existe pas de recette, chaque cas est un cas particulier, qui devra prendre en compte les données du marché, ainsi que les contraintes diverses concernant votre produit.

A - Graphisme de marque

Le graphisme de marque doit être conçu en parfaite adéquation avec la forme du packaging, le visuel principal et les éventuelles déclinaisons sur d'autres produits de la gamme, qui n'auront pas forcément les mêmes formats ou couleurs, mais qui porteront la même marque.

Il doit faire l'objet d'une normalisation pour accroître sa reconnaissance dans le temps.

Il doit se transformer visuellement en un véritable logo ; cela se réalisera par le choix d'une typographie adaptée et personnalisée et par un emblème ou symbole graphique, qui sera l'élément de la marque reconnaissable par son dessin, ses couleurs ou son graphisme distinctif.

B - La couleur

Certains professionnels intellectualisent le phénomène de la couleur en packaging, et cherchent à rationnaliser son effet ou l'effet de ses compositions.

Doit-on choisir le code couleur utilisé par le leader du marché, ou bien au contraire doit-on en choisir un autre pour se faire remarquer par le consommateur ?

Il existe des règles concernant les couleurs en packaging ; ces règles ont pour objectif de clarifier l'offre et de permettre une meilleure segmentation des gammes de produits.

Il n'est pourtant pas possible de définir à ce sujet de règles absolues, car tout succès passera un jour par la transgression de ces règles. Vous allez donc simplement découvrir ou redécouvrir ci-dessous les règles essentielles concernant la couleur. Pour de plus amples informations, vous pouvez vous référer aux nombreux ouvrages existant sur le sujet.

LA COULEUR ET LE PACKAGING

Phénomène de la couleur

Tout au long des siècles, depuis les philosophes grecs et latins, les savants, les scientifiques ont été divisés par le phénomène complexe de la couleur lié à celui de la lumière.

Il est erroné de croire ou de penser que la couleur est une matière ou une fraction de lumière.

> La couleur c'est une **SENSATION**

Le phénomène de la lumière est quelque chose de si familier qu'il n'est pas courant de s'interroger sur la lumière et sur l'importance de son rôle dans la vie de tous les jours.

Nous retiendrons des phénomènes qui lient *lumière* et *couleur* que la lumière est l'ensemble des radiations électromagnétiques pour lesquelles les yeux humains sont sensibles.

Ainsi, chaque couleur possède sa propre personnalité variable d'ailleurs selon celle de celui qui la perçoit. Chaque individu voit avec son propre œil et ses éventuelles aberrations chromatiques (daltonisme, myopie, etc.) ressent, selon l'excitation de son cerveau, par le biais du nerf optique, des influences qui lui sont propres et interprète, selon les éclairages, la couleur des objets visualisés. Personne ne peut donc connaître objectivement ce que signifie pour un autre que lui-même la vision du vert ou du rouge.

Il en est d'ailleurs de même des autres sens tels que le goût, l'odorat...

Caractère psychologique des couleurs

Les couleurs font rêver et elles exercent sur les individus des sensations intimes qui, dans le domaine de l'inconscient, deviennent symboliques.

Beaucoup d'ouvrages traitent les caractères psychologiques des couleurs et de chacune de leurs nuances.

C'est ainsi, par exemple, que :

– le *VERT* évoque la nature et traduit le calme, la fraîcheur, la vigueur.

Il peut également laisser percevoir l'angoisse, l'effroi...

On trouve les expressions : vert de peur, vert c'est l'espérance.

– le *JAUNE* est la couleur de la pléniture, celle de la luminosité, donc de la lumière.

C'est la couleur de la jeunesse, des enfants.

Le jaune s'extériorise ; il est actif.

C'est aussi le symbole de la tromperie, de la perfidie : « rire jaune ».

– L'*ORANGE* est une couleur hypnotique et calorifique.

Elle symbolise la gloire et la réussite.

Elle est « vitaminée »...

– Le *ROUGE* est une couleur brutale, agressive.

C'est la couleur du feu qui brûle, du sang qui vivifie.

C'est la virilité, la passion, la colère.

C'est une couleur qui attire le regard et qui témoigne d'une immense puissance.

Selon ses nuances, le rouge prend différents caractères :

- POURPRE : il est digne, puissant, riche,
- CERISE : il devient sensuel,
- ROSE : c'est la douceur, l'intimité, le romantisme.

– le *VIOLET,* qui est formé de deux couleurs situées chacune à une extrémité du spectre, est une couleur instable.

Il exprime un certain mystère, mais demeure majestueux.

En s'éclaircissant, il passe au lilas évoquant l'enfance regrettée, son monde fantastique, magique...

– Le *BLEU* est calme et revêt une profondeur solennelle.

C'est une couleur féminine qui se repose dans une ambiance de détente.

Il provoque une sensation de fraîcheur, de propreté.

Effets des couleurs

Les couleurs exercent sur nous des effets tant sur le plan physiologique que psychologique, qui influencent notre comportement et même nos prises de décisions.

Les couleurs sont rarement inactives et c'est ainsi que le *BLEU* est une couleur *intériorisante* favorisant la décoration d'une bibliothèque, d'une salle de séjour.

Le *ROUGE* est, par opposition, une couleur *extériorisante* qui excite et favorise les passions.

C'est la couleur privilégiée des établissements nocturnes : cabarets, boîtes de nuit...

Le *VERT* est plutôt une couleur équilibrante et la plus calme qui soit : elle est l'apanage des maisons de jeux : tel le Casino et ses tapis verts.

Les couleurs *pastels* ont pour trait spécifique l'affaiblissement des caractères de la couleur dont elles proviennent.

Fonction de la couleur dans la perception

Les couleurs évoquent également le goût, l'odeur, le poids, le volume, la température, car la vision des couleurs ne se limite pas au seul sens de la vue, mais se transmet à d'autres sens.

Ainsi, le rose paraît sucré et doucereux ; le vert : salé et aigre ; le jaune : piquant et acide.

Il serait malvenu de présenter des olives dans une boîte rose et des sucreries au miel dans un sachet vert.

Le violet, souvent attribué au conditionnement de produits à la lavande révèle une odeur parfumée, alors que l'orangé évoque une senteur poivrée et le vert exhale les épices.

La suggestion de l'aspect d'un produit par la couleur est peut-être moins directe que les précédentes, mais malgré tout un produit compact et solide se traduira plus par des couleurs sombres (marron, bleu outremer) alors qu'un contenu liquide s'apparentera à des tons de vert bleu, vert froid s'écartant vers des coloris rose pour des liquides denses et onctueux.

Les pulvérulents se caractérisent plutôt par les couleurs jaune, ocre, brun pour les cacaos en poudre par exemple.

Le blanc et le jaune sont connus comme les couleurs les plus légères : des caisses peintes en noir ou violet foncé paraîtront beaucoup plus lourdes que des caisses peintes en jaune.

De même, dans la notion de volume, des emballages de couleur claire paraîtront plus importants que des emballages de couleur foncée.

La température des couleurs est évaluée par une courbe appelée « courbe des températures des couleurs » et exprimée en degrés Kelvin (°K).

Nous retiendrons que les couleurs situées dans le 1/3 du spectre des rouges exercent une sensation de chaleur, alors que de celles situées dans le 1/3 du spectre des bleus émanent une sensation de froid.

Les couleurs compensatrices de nuisances

Dans notre monde d'aujourd'hui on ne cesse de mettre en avant la protection de l'environnement, le respect de la chaîne écologique, la qualité de la vie.

Et bien des couleurs peuvent contribuer à l'amélioration de notre confort et compenser certaines nuisances, car il existe toute une perspective des couleurs :

- les bruits très aigus : ils seront mieux supportés dans un local sombre alors que très graves, des pièces claires leur seront mieux appropriées ;
- l'espace vital : un intérieur de petites dimensions paraîtra beaucoup plus grand s'il est peint en clair ou dans une couleur froide que s'il est peint en sombre ou dans une couleur chaude ;
- la chaleur, le froid : liés à la température des couleurs, on pourra donner une sensation de fraîcheur en peignant une chaufferie en bleu afin d'atténuer, dans une certaine mesure, l'expression d'excès de chaleur du local ;
- la lisibilité : selon qu'un texte sera imprimé sur un fond en positif ou en négatif (en réserve) et dans des couleurs différentes, il sera plus ou moins facile à lire et ce, plus ou moins instantanément ;
- l'écologie : ne voit-on pas fleurir aujourd'hui les « produits verts » et leur armée de labels... Ils correspondent à un besoin du consommateur, à une promesse de naturel, de sécurité.

Lisibilité des couleurs d'après le tableau de Karl Borggraffe

- en premier : graphisme
- en second : fond de couleur

1 : noir/jaune	7 : bleu/jaune
2 : jaune/noir	8 : bleu/blanc
3 : vert/blanc	9 : blanc/noir
4 : rouge/blanc	10 : vert/jaune
5 : noir/blanc	11 : noir/orange
6 : blanc/bleu	12 : rouge/jaune

De grands leaders ont tenu compte de ces tests de lisibilité des couleurs : RENAULT, OPEL, CATERPILLAR, RICARD, BANANIA, HERTZ (location de voitures)... et se manifestent au public par la voix du jaune et du noir (ou bleu très foncé).

Conditions d'observation des emballages

La symbolique des couleurs et l'influence qu'elles exercent sur les individus donnent naissance à une véritable psychologie des couleurs.

C'est par les couleurs que les consommateurs perçoivent les qualités des produits alimentaires.

Un acte d'achat est très souvent déclenché par un phénomène d'affectivité faisant abstraction des artifices utilisés par les fabricants pour valoriser leurs produits (car ceux-ci savent très bien traduire la représentation visuelle telle que nous la représentons et non telle qu'elle est en réalité).

Il est bon de souligner que, d'un pays à l'autre, les critères d'appréciation sont liés aux cultures, aux médias et qu'il faudra tenir compte de ces facteurs pour bien vendre un produit dans un pays étranger.

Par exemple : l'Américain qualifie le jaune de particulièrement bon marché et lui attribue un caractère nordique alors qu'il caractérise en Europe la lumière, le soleil donc le Sud.

Le vert est le plus sérieux. Les autres couleurs sont qualifiées de drôles.

Le rouge se place en tête dans la plupart des pays, sauf aux États-Unis !...

Vision de l'emballage au point de vente

Nous sommes dans les années 1990, dans le monde du visuel, de l'image, donc de la couleur, des signes ou pictogrammes, donc de la reconnaissance rapide, efficace, fonctionnelle.

Un consommateur passe de moins en moins de temps dans une grande surface et souhaite rapidement identifier les produits de consommation dont il a besoin.

Sans développer les théories : de motivations d'achat, de fonctions, des différentes clés d'entrée d'un produit : économique, technique, etc., l'attraction de l'emballage constitue un facteur de vente important.

Observation et découverte séquentielle d'un produit

Plongé dans l'univers multicolore d'un supermarché et face à des linéaires de produits similaires, la ménagère dispose seulement de quelques secondes pour sélectionner un article, le saisir et le mettre dans son chariot.

Comment perçoit-elle ce que balaie son regard ?

- *à une distance de 4 m à 7 m environ :* le premier contact visuel s'affirme pour la couleur : c'est la vision de « l'habillage » du produit, c'est l'émergence ;
- *à environ 3 m* se détache alors le logotype de la marque ou un signal graphique, c'est la réassurance recherchée ;
- *puis à 2 m,* les détails se perçoivent et l'on peut lire la dénomination de vente, la phrase signature qui permettent de classer l'article (clé d'entrée dans le processus d'acte d'achat) ;
- *devant la gondole à 0,5 m/1 m* l'illustration accroche et doit provoquer le désir (un plat cuisiné doit faire saliver, un produit ultra-frais doit perler de rosée...).

De plus, la « nouveauté », « la promo », les « plus produits » sont alors décelables soit d'un regard soit par une lecture facile, après prise en main du produit.

Il apparaît donc que dans la conception créative appliquée, une hiérarchie des éléments graphiques déterminera la séquence de lecture efficace qui déclenchera l'acte d'achat des consommateurs.

Les designers des agences de création packaging mettront en œuvre tout leur savoir-faire et joueront avec les facteurs de variations de la vision des couleurs pour adapter les emballages aux conditions d'achat et de consommation de la vie courante.

Ils prendront en compte les variations lumineuses, les variations dimensionnelles et spatiales, les relations des formes avec les couleurs, les variations temporelles, la complémentarité des couleurs ainsi que leur contraste, les effets cumulatifs de masse et les distorsions graphiques (aspect trompeur pour l'œil).

Citons les quelques phénomènes de perception les plus connus et leurs conséquences d'appréciation.

1. Variation de l'éclairage

Selon l'éclairage du packaging la couleur apparente variera suivant qu'il s'agisse de lampes à incandescence, de lampes lumière du jour ou de lampes néon.

Il faut donc prendre en compte les sources d'éclairage des magasins.

2. Variations de surface

Une grande surface colorée paraît plus lumineuse et plus saturée que la même couleur en petite surface.

Une tache colorée bien limitée paraît plus intense et plus saturée qu'une tache de même couleur avec un bord flou (dégradé).

3. Contraste

Une même couleur paraît plus claire sur un fond sombre que sur un fond clair.

Une couleur paraît teintée de la couleur complémentaire du fond sur lequel elle se détache.

Parfois l'inverse se produit dans certaines figures et c'est le fond qui paraît teinter la couleur de sa propre tonalité.

– *Complémentarité des couleurs*
  • Deux couleurs complémentaires juxtaposées s'accentuent.
  • Deux couleurs sont complémentaires, si mélangées, elles produisent du gris.

Les couleurs complémentaires sont opposées dans le cercle chromatique :

jaune ---- violet

jaune orangé ---- bleu outremer

orangé ---- bleu roi

rouge magenta ---- vert

Les variations dans le temps sont primordiales car elles impliquent les processus d'adaptation colorée. Celle-ci peut être *locale* : c'est ce qui se produit lorsque l'observation d'une plage colorée est suivie par la perception d'une plage de couleurs complémentaires.

Elle peut être *globale* et le système visuel utilise comme référence la couleur de l'ambiance : c'est pourquoi nous ne percevons guère les grosses différences de la couleur d'éclairage une fois que l'œil est adapté.

On pourra prendre comme référence la lumière jaune des lampes à incandescence alors que la lumière du jour est blanche.

- *Effets de masse et de formes*

Le mix « graphique-couleur » permet différents effets tels :
- rayures verticales sur un packaging carton : apparence plus haute ;
- rayures horizontales sur le même packaging : apparence plus large ;
- association sur ces rayures de couleurs rouge et blanche : à distance apparence rose ;
- triangles bleus formant une frise par juxtaposition en linéaire de notre étui carton : affaiblissent le caractère dynamique de cette présentation simplement par le fait que l'emploi de la couleur bleue n'est pas en adéquation avec le triangle qui concentre mieux la couleur verte ou jaune ;
- deux cercles concentriques formant des taches colorées vertes et bleues par exemple peuvent devenir de couleurs indistinctes par le phénomène de vision centrale, puis périphérique ;
- notre même packaging avec un motif continu formant soit une ligne horizontale soit une ligne ondulée favorisera le déplacement du regard le long de cette ligne jusqu'à amener l'immobilisation de la vision sur l'emballage concurrent placé au bout de cette ligne ;
- la mémorisation peut s'effectuer par les formes primaires :
  - rond (la roue),
  - carré (l'échiquier),
  - triangle (les voiles), etc.,

d'ailleurs utilisées pour la signalisation routière.

De plus, à ces formes s'identifient des couleurs retenues par elles selon leur irradiation :

le carré est au rouge,
le cercle est au bleu,
le triangle est au jaune,
le triangle à coins arrondis est au vert,
le trapèze est à l'orangé,
l'ovale est au violet.

L'emballage vendeur

L'attraction d'un produit pour l'acheteur *par les couleurs* représente le *premier contact*, mais il importe que l'acheteur les *accepte* et que les couleurs soient *appropriées au contenu* et n'apportent pas de connotations négatives à celui-ci.

Exemple : sachet de bonbons au miel au packaging vert (on attend la douceur, on suggère l'acidité).

La présentation des produits en magasin fait qu'ils apparaissent très souvent tous similaires. Une marque est submergée par une autre et tout se banalise. Le fait d'émerger au milieu des autres par un concept personnalisé et même de couleurs différentes de celles de la concurrence prime pour la mémorisation, puis la réminiscence dans la mémoire de l'acheteur à l'unique condition qu'il ne soit pas déçu par son choix, que le produit lui apporte toute satisfaction afin qu'il y ait intention de renouvellement de l'acte d'achat.

Plusieurs stratégies sont à prendre en considération. Celle du fabricant qui, non seulement crée, mais innove et qui, par des actions médiatiques, surtout télévisées, va devenir l'étalon et édifier un code couleur du marché. S'il développe une gamme de produits, il pourra soit consolider sa réputation en déclinant son concept, faisant ainsi du packaging horizontal, soit personnaliser chaque produit en conservant seulement un élément fédérateur (logo de marque par exemple) et faire du packaging uniforme vertical.

Voyons comment peuvent réagir les distributeurs face aux fabricants de marques nationales.

Leur stratégie commerciale peut être une stratégie de *copie* de ces leaders dans chaque secteur. Cela veut dire que les produits distributeurs auront le même positionnement que les leaders avec des prix similaires, mais plutôt légèrement inférieurs. En terme de design-packaging, cette démarche oblige à des présentations semblables dans le même code couleur, le seul élément pouvant identifier le produit distributeur étant la marque ou la signature. Cette politique ne favorise guère l'émergence dans le linéaire surtout si la marque ou la signature n'est pas affirmée et ne répond pas à une identité forte inhérente à des normes graphiques définies et rigoureuses.

Par contre, la stratégie peut être tout autre et l'objectif s'orienter vers une véritable volonté de création d'une marque propre et bénéficier auprès des consommateurs d'une gamme de produits digne de la réputation du Groupe ou de l'Enseigne.

L'orientation commerciale prendra en compte la culture de l'entreprise, ce qu'elle est, ce qu'elle veut paraître, devenir, pour aboutir à un système conceptuel offrant une architecture cohérente qui produise un impact formel de chacun de ses produits dans la section de rayon qui lui est consacrée. Le concept-design marketing fournira une communication optimale de la hiérarchie appropriée du nom de la marque, de l'aspect du produit, du descriptif du produit. Il mettra en évidence la perception immédiate des produits placés dans leur univers concurrentiel afin de faciliter le choix des consommateurs. Enfin le système devra permettre une extension aux produits nouveaux susceptibles d'apparaître sur le marché.

Ce clin d'œil, loin d'être exhaustif et professoral, sur la réplique des distributeurs aux fabricants, peut également s'appliquer à eux-mêmes dans le cadre de la libre concurrence qui les anime.

Ce qui résulte de la perception des produits par le chaland, par le biais des emballages couleurs, c'est que rien n'est rationnel aux yeux de chacun. Le consommateur est difficile à cerner...

Que valent les images, les messages réalisés quotidiennement par les agences de création ?

Les créatifs professionnels de la couleur voient techniquement le packaging coloré qu'ils élaborent, mais il faut qu'ils se posent en permanence la question :

QUE VERRONT NOS CLIENTS ?

Savez-vous que...

- 20 s. suffisent à une ménagère pour examiner une travée : c'est-à-dire un linéaire de gondole ;
- 8 s. lui suffisent pour sélectionner le produit qu'elle va saisir et mettre dans son caddie...

L'attirance pour un produit dans un étalage est provoquée :

- **pour 35,5 % par l'emballage,**
- pour 26 % par le prix,
- pour 20,5 % par la réminiscence (rappel en mémoire),
- pour 18 % par un aspect particulier.

Couleurs spécifiques pour les produits :

- **lessives** : bleu - vert - blanc ;
- **produits chocolatés - cacao** : jaune - brun - bistre ;
- **produits sanitaires** : bleu - rouge - blanc ;
- **dentifrices** : bleu pastel - bleu marine - turquoise - blanc ;
- **poisons (mort aux rats)** : jaune et noir ;
- **cosmétologie** : violet - rose - mauve - bleu - blanc ;
- **légumes et produits naturels** : vert ;
- **toniques - fortifiants** : orange - jaune - blanc.

5.3 La conception packaging assistée par ordinateur

> *Pensez-vous que l'on puisse concevoir un packaging à l'aide de la CAO ?*
> *oui : 70,3 %   non : 15,6 %*
> *ne se prononcent pas : 14,1 %*

> *Si oui, vous en a-t-on déjà proposé ?*
> *oui : 40,6 %   non : 26,5 %*
> *ne se prononcent pas : 32,9 %*

Même si de plus en plus d'agences de création packaging s'équipent en CAO, que cela soit sur gros système ou petit système, peu d'entre elles commercialisent correctement ce service, car elles-mêmes en découvrent à chaque cas d'utilisation les nombreuses possibilités créatives et techniques.

Il reste une importante difficulté : recruter les hommes et les femmes qui vont utiliser ces nouvelles techniques, qui nécessiteront pour être bien utilisées des années d'expérience.

A - Rappel historique

L'informatique s'est introduit dans le monde graphique au début des années 1960.

Des performances intéressantes ont été enregistrées dans les années 1970 à l'apparition des « puces électroniques ».

Une nouvelle étape a pris naissance dans les années 1980 avec une miniaturisation accrue associée au développement des microprocesseurs, programmes, mémoires, logiciels, écrans moniteurs couleurs...

Depuis 1981, les métiers de la chaîne graphique ont développé des applications avec plus ou moins de réussite, de productivité, de bonnes définitions.

Aujourd'hui, les applications depuis l'assistance de création jusqu'au bon à tirer évoluent vers des « systèmes électroniques » dits *INTÉGRÉS*.

B - Principe d'un système électronique global

Schéma selon arête de poisson d'Ishikawa :

(définition variable)

— micro-ordinateur
— mémoires
— logiciels
— moniteur couleurs

(Faible définition)

PÉRIPHÉRIQUES D'ENTRÉE

— appareil photo magnétique
— caméra vidéo
— magnétoscope
— bandes informatiques
— disques ou disquettes
— scanner trait
— scanner 1/2 ton

SYSTÈME

diapos —
imprimante N laser —
imprimante couleur —
thermique jet encre —

table montage — — pré-séries épreuves — table graphique
disques —
bandes inf. —
films —

— sortie photocopie couleur
— sortie gravure laser

PÉRIPHÉRIQUES DE SORTIE

(Haute définition)

C - Problèmes actuels

Dans l'exploitation des systèmes dits intégrés, de nombreux problèmes apparaissent :

• différence de définition d'un système à l'autre (souvent fonction de la capacité mémoire, donc directement lié au coût) ;

- différence de définition entre les périphériques d'entrée (*faible* définition utilisée pour la création qui n'a pas besoin d'une capacité importante) et les périphériques de sortie (*haute* définition insuffisante parfois pour prendre en compte les contraintes techniques de production d'imprimerie) ;
- différence de langage d'un système à l'autre (compatibilité ou incompatibilité entre systèmes), hormis l'emprise grandissante du langage poscript ;
- rupture graphique entre la création et la fabrication en héliogravure et inadéquation de passage direct à la gravure des cylindres ;
- le packaging exige déjà de passer en système *3 dimensions* (3 D) ;
- transmission non structurée, durée coûteuse et longue, réseaux à mettre en place à terme ;
- limitation de format pour les sorties d'épreuves.

En fonction de la *différence de travaux à exécuter ainsi que de la rentabilité*, il s'avère fort probable que les *systèmes éclateront en éléments par profession*. Actuellement, nous restons tributaires des messageries rapides avec transmission de bandes informatiques ou disques.

D - Principe

Voir schéma p.156.

E - Stratégies pour une entreprise

- Soit consolidation des activités graphiques : publicité, édition, packaging, PLV et intégration d'un système global exploité au sein du service marketing.
- Soit incitation des partenaires à investir des systèmes et s'équiper d'un module compatible avec les systèmes de chacun, afin de pouvoir dialoguer mais, surtout, de pouvoir récupérer les éléments de création ou de marketing pour exploitation en production.

F - Choix du matériel

- Avant tout, il passe par la condition d'équipement des fournisseurs et l'établissement de cahier des charges entre partenaires.
- L'équipement choisi devra être compatible avec les leurs et surtout évolutif (la poussée de la micro-informatique oblige les monopoles de gros systèmes à s'ouvrir sur un langage standard).

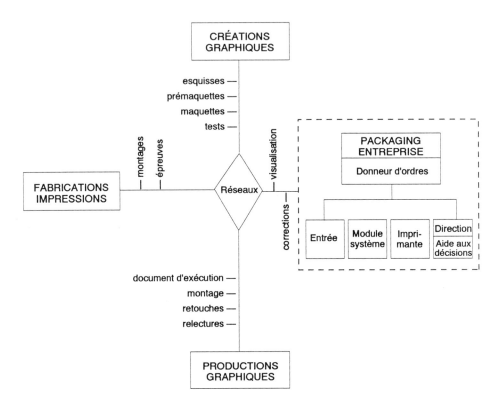

Dans le cas de l'acquisition de système de dialogue, s'orienter sur un matériel de faible coût, flexible, souple, pouvant même être utilisé à d'autres fins : gestion par exemple.

– Il devrait se composer à l'heure d'aujourd'hui :
- d'un micro-ordinateur,
- d'un moniteur couleur avec logiciel,

- d'une table graphique,
- d'une imprimante.

Il y aura lieu d'analyser les coûts matériels et ressources humaines et de vérifier si un tel investissement s'avère rentable.

G - Ressources humaines

L'intégration d'un système ne peut s'envisager sans l'investissement d'un spécialiste à la fois créatif, maîtrisant l'imprimerie-production labo et l'informatique. Il faut savoir qu'une formation minimum de six mois s'avère impérative.

H - Développement

En fonction de l'évolution des techniques et technologies des systèmes, on pourra, dans le temps, compléter l'équipement initial de périphériques d'entrée et/ou de sortie, selon la façon dont les travaux packaging pourront évoluer également.

I - Conclusions - Objectifs

Sous réserve de la pénétration des « systèmes » dans l'industrie graphique et de l'équipement indispensable des différents partenaires, les objectifs à se fixer sont :

- plus grande maîtrise des travaux de production des packagings dans la chaîne graphique ;
- recevoir l'image afin de pouvoir dialoguer :
  - en amont, avec les agences de création,
  - en aval, avec les spécialistes de la production graphique ;
- réduction des délais : estimation 50 % ;
- minimisation des erreurs : estimation 20 % ;
- économies (à chiffrer) consécutives : à l'accroissement de productivité, à la diminution des matières premières mises en œuvre, à la diminution des documents d'exécution et des documents intermédiaires... ;
- amélioration de la qualité : réduction des manipulations, meilleure précision de montage, etc. ;
- réalisation possible d'épreuves et de pré-séries à des stades différents, mais avant fabrication, permettant :
  - assistance de décision,
  - test en situation consommateurs-magasins,
  - édition publicitaire de lancement.

Toutefois le marché du traitement de l'image est-il prêt ?

Il faut attendre la prochaine révolution informatique, car les intervenants de la chaîne graphique veulent des systèmes complètement « intégrés » mais, pour l'instant, ni les fournisseurs ni les clients ne savent comment cette intégration doit se réaliser.

La prochaine étape sera de supprimer le film pour sortir directement les formes imprimantes propres à chaque procédé d'impression. A ce jour, il y a rupture, incompatibilité et reprise du travail sortant des systèmes.

L'année 1991 devrait être révélatrice dans ce domaine et préparer l'explosion des méthodes graphiques de la nouvelle décennie.

5.4 Les maquettes rough ou projets créatifs

Après avoir défini pour le travail concerné l'accroche rédactionnelle, le visuel principal, la forme, le nombre de couleurs, après avoir pris en compte le brief du client, les normes à respecter, le contenu rédactionnel et tous les paramètres du marché, et alors, seulement, le créatif peut se mettre au travail.

Il va réaliser ce qu'on appelle le rough, qui correspond à un dessin enlevé d'une proposition susceptible d'être retenue par le client.

Le créatif devra toujours réaliser plusieurs propositions.

Il existe deux type de rough :

– des roughs très enlevés, appelés aussi planches concepts ; ceux-là sont moins précis et d'un format plus réduit, mais permettent compte-tenu du temps passé d'en réaliser un plus grand nombre. Ils nécessitent de la part du client une capacité d'interprétation du travail terminé plus grande. Sur ces planches concepts, les textes n'apparaissent pratiquement pas, sauf sous forme de « bolo-bolo » (faux texte), équivalant simplement à un trait de positionnement. Seules les accroches sont écrites à la main en toutes lettres ;

– le 2ᵉ type de rough plus couramment utilisé en packaging présente le document en format réel. Ces rough sont un peu plus soignés dans la réalisation et présentent l'accroche rédactionnelle ainsi que tous les titres, avec un choix typographique précis, réalisés en transferts couleurs à partir de photocomposition ou de Letraset. Le reste du contenu rédactionnel apparaît sous forme de « bolo-bolo » (faux texte). Ce type de rough ne nécessite pratiquement aucune capacité d'interprétation de la part du client, car il est le reflet très fidèle du document définitif.

La réalisation de maquettes rough (sauf dans le 2ᵉ type de rough où les transferts couleurs pourront être facturés en supplément) fait rarement l'objet de facturation de frais techniques. La principale facturation ne concerne que le temps passé. Plus vous souhaitez de propositions, plus il y aura de temps passé.

Il existe une technique qui consiste pour certains créatifs à vous proposer des projets dans lesquels ils croient fermement, et à vous présenter en parallèle des projets en lesquels ils ont moins de foi, appelés parfois projets « repoussoirs ». Il est important de ne jamais choisir par défaut ou par dépit. Le choix ne doit pas se faire par comparaison entre ce qui vous est présenté, mais bien par comparaison entre ce qui se fait de bien ou de moins bien sur le marché concerné, et par la cohérence avec votre brief.

Vous ne devez pas hésiter dans la mesure où vous pouvez exprimer clairement ce qui ne vous convient pas, à faire refaire d'autres maquettes rough. A ce niveau du travail, il est facile de comprendre l'importance d'un brief bien fait, mais aussi de la compréhension de ce brief dans ses moindres détails par les créatifs qui vont réaliser les roughs.

5.5 La maquette finalisée

La maquette finalisée est un stade important en packaging, qui intervient une fois les maquettes rough réalisées.

Il s'agit d'effectuer une sorte de prototype en volume du produit final. Ce travail est réalisé par l'agence de création, et permet en tout premier lieu de « fixer » de façon précise toutes les idées et travaux de création. La typographie, les couleurs, les accroches, les textes, les illustrations, les volumes, et tout ce qui est destiné à apparaître sur le packaging définitif, figureront sur la maquette finalisée.

La maquette n'a pas pour unique fonction de marquer le passage du stade de la création au stade de la fabrication. Elle peut également être utilisée soit pour réaliser des prises de vues (par exemple pour un argumentaire de vente), soit pour effectuer des pré-tests packaging, ou bien encore pour être produite aux fournisseurs qui doivent assurer la réalisation du produit (cela évitera des erreurs d'interprétation notamment au niveau des devis, et permettra une meilleure compréhension du produit).

La maquette finalisée est souvent réalisée par un exécutant ; c'est en effet un document d'exécution, mais en volume et en couleurs.

Toute la préparation est identique à celle d'un document d'exécution : l'exécutant réalise un calque de mise en page, commande la photocomposition des textes (identique à celle utilisée pour la réalisation d'un document d'exécution - se reporter au chapitre correspondant), trace le format directement sur le support de la maquette (carton, plastique, etc.), découpe de façon précise le format ou bien prépare la surface de travail ; si c'est une bouteille par exemple, après création du moule, le prototype en résine est peint de la couleur choisie.

A partir de la photocomposition des textes sont réalisés les transferts en couleurs, qui seront appliqués sur la maquette finalisée. Les transferts sont fabriqués par l'intermédiaire de négatifs. La couleur sous forme de peinture liquide est étalée sur un film photosensibilisé. Les zones non sensibilisées sur le film sont ensuite nettoyées au dissolvant. Après une application de colle, le transfert est prêt à l'emploi.

Cette opération doit être faite séparément pour chacune des couleurs à positionner sur la maquette.

Le transfert s'applique à l'aide d'un stylet par pression sur le film, de la même façon que les planches Letraset ou Mécanorma.

Certaines sociétés se sont spécialisées dans la réalisation de transferts couleurs. Le transfert couleurs permet en particulier pour un projet packaging de réaliser plusieurs maquettes dans des couleurs différentes, et ce afin de choisir la meilleure version par rapport au produit.

La réalisation d'une maquette finalisée nécessite une grande précision d'exécution. D'une façon générale, la maquette finalisée est fabriquée « artisanalement » : elle sera très fragile et devra être maniée avec beaucoup de soin.

Le coût d'une maquette finalisée est relativement élevé et les corrections pratiquement impossibles. Cette étape permet pourtant de gagner du temps et d'éviter un certain nombre de problèmes.

5.6 L'exécution des documents

L'exécution d'un document de packaging doit impérativement faire l'objet d'une très grande rigueur et précision de travail. Le document d'exécution présente la finalisation graphique la plus parfaite de la maquette rough choisie, et ce présenté en noir et blanc.

Le document d'exécution représente encore à ce jour une étape absolument indispensable dans la chronologie et le bon déroulement d'un travail. Il est absolument impossible au photograveur et à l'imprimeur d'effectuer leur travail sans que cette étape préalable ait été accomplie.

Le document d'exécution est le premier stade de la réalisation technique d'une création, donc primordial pour la réussite de tous les postes suivants. La bonne exécution d'un document, sa clarté et sa précision, facilitent le travail des photograveurs, des imprimeurs, des façonniers, etc. Il est d'ailleurs judicieux de montrer préalablement les maquettes rough choisies aux différents intervenants, afin qu'ils puissent vous informer des contraintes techniques et fournir aux exécutants un cahier des charges.

Le document d'exécution est fait d'un carton solide, du type carte à gratter, et d'une superposition de films avec textes et filets collés et tracés, les overlays. Les divers éléments composant le document sont recouverts d'un calque qui permet de porter toutes les indications techniques ainsi que les références couleurs et typographiques. Sur ce calque, le client pourra également mentionner ses corrections éventuelles.

Le tout est recouvert d'un carton fin du type canson, appelé aussi capot, qui a une fonction de protection.

A - Que faut-il remettre à votre agence de création packaging ?

En premier lieu, les textes. Ils doivent être définitifs, et si possible dactylographiés pour éviter toute confusion, erreur de lecture ou d'interprétation. Ces textes doivent respecter les capitales et les bas de case (lettres minuscules) ; à chaque paragraphe, passez à la ligne et laissez un espace. Vos indications et remarques ne doivent pas être inscrites sur la même copie que les textes à composer. Changer les textes en cours de réalisation du document d'exécution implique des frais ; assurez-vous donc de l'exactitude de toutes les informations (modes d'emploi, quantités, etc.) qui apparaîtront sur le packaging.

En deuxième lieu, les normes. Il existe une multitude de contraintes qu'il faut fournir à l'agence de création : les dimensions précises, ou un plan de découpe et d'impression précis avec les dimensions et les endroits non imprimables (soudures, collages, etc.), les endroits où seul le décor apparaît (les plis, les zones non visibles, etc.) et les zones de textes, les facings.

Il faut également indiquer l'emplacement des codes à barres et les emplacements des réserves pour les dates de péremption et de fabrication (dates limites de vente).

L'exécution du document se décompose en plusieurs opérations définies ci-après.

B - La préparation et le calibrage

L'exécutant réalise à partir de la maquette rough un calque de mise en page précis lui permettant de visualiser l'ensemble du document, et d'équilibrer les surfaces de textes, photos, etc. Ce calque lui permet également de dégrossir le travail de calibrage, de vérifier le détail de la mise en page, la répartition des textes. A ce stade, il est intéressant de voir le calque, car rien n'a été encore commandé ; cela vous permettra d'économiser de futures corrections « d'auteur », et d'éviter de recommencer une partie du travail suite à un oubli ou un malentendu.

A partir des textes fournis, l'exécutant définira par des calculs complexes la taille des lettres, l'encombrement des textes, le choix du caractère (si cela n'a pas été fait à la création), et les éventuelles déformations typographiques.

C - Le tracé du format de découpe et du plan d'impression

Celui-ci sera d'une précision extrême. C'est à l'intérieur de ce format que viendront être collés tous les éléments qui composeront le document, à savoir les textes, les titres, les accroches, les logos, les photos, les dessins.

Le tracé du format de découpe et du plan d'impression se compose de traits noirs appelés « traits de coupe », de filets bleus servant à une meilleure visualisation des surfaces, et de traits en pointillés indiquant les endroits de pliage.

Tous les traits de coupe et de pliage viennent en dehors du format, pour ne pas être imprimés. Des filets techniques noirs entourent souvent la quasi-totalité du format à 5 mm de celui-ci ; ils délimitent les surfaces colorées.

D - La photocomposition des textes

La photocomposition des textes est généralement sous-traitée à des photocompositeurs professionnels indépendants des agences de création, car ce matériel nécessite des investissements coûteux, qui peuvent difficilement être amortis par la charge de travail apportée par une seule agence.

Les photocompositeurs travaillent sur matériel informatique : les clavistes saisissent les textes et indications typographiques. Les textes sont ensuite « flashés » (photographiés) sur des films négatifs, retransposés en positifs pour le montage. Le papier positif s'appelle un bromure. Cette opération, pour un texte d'une page sans grande difficulté, prend environ trois heures.

Il est apparu ces dernières années la possibilité de réaliser la photocomposition des textes à l'aide de la P.A.O. (publication assistée par ordinateur). Ce procédé est satisfaisant pour tout ce qui concerne les documents du style journaux d'entreprise, ou bulletins mensuels, exécuté par un personnel possédant une formation de base ; en packaging, il n'est satisfaisant qu'exécuté par un personnel hautement qualifié.

Le personnel qui travaille habituellement sur P.A.O. est malheureusement souvent issu de postes de secrétariat, alors que les clavistes intervenant sur des appareils de photocomposition sont de véritables professionnels de la pagination, de la typographie.

Il est toutefois utile de ne pas perdre de vue les techniques de P.A.O. car en effet celles-ci vont évoluer de façon spectaculaire dans les années qui viendront.

La P.A.O. présente par rapport à la photocomposition des textes classique, l'avantage d'être sensiblement moins coûteuse, de nécessiter une formation simple, et de pouvoir être utilisée à l'intérieur des agences.

E - Le montage du document

En bonne connaissance de la gravure, l'exécutant « monte » le document d'exécution en positionnant les textes photocomposés, et place les overlays ; il trace les filets techniques, les filets à graver, positionne des bromures de placement des illustrations ou des photos.

Le document d'exécution doit être soigné et propre, sans traces de colle, les filets nets, sans cassures, les angles bien tracés et l'ensemble parfaitement d'équerre. La qualité du travail fourni se détermine facilement d'après ces critères. Ce document doit être respecté tout au long de la réalisation du travail, il fait également partie du travail de création.

Les opérations labo photo au trait ont pour but de grossir ou de réduire un texte, et faire des placements des photos, tout en conservant une qualité parfaite. Les opérations labo photo sont réalisées directement par les agences de création qui possèdent toutes un ou plusieurs labo intégrés.

F - Les indications et consignes techniques pour la fabrication

Elles sont indiquées de façon précise sur le calque technique recouvrant le document. Elles concernent la mise en couleurs détaillée, les références des couleurs Pantone ou mélanges quadri à utiliser, les indications des filets à graver ou pas. Ces indications sont portées par l'exécutant de l'agence.

G - La relecture du document d'exécution

Une fois achevé, le document d'exécution vous est présenté. C'est l'ultime étape de relecture, où vous devrez vérifier soigneusement vos textes : assurez-vous de l'exactitude des informations (ingrédients, quantités), de l'orthographe (vocabulaire technique essentiellement).

Vous devez absolument vérifier que les mentions adresses sont complètes et bien placées.

Ces informations sont imposées par la réglementation ; tout oubli peut être sanctionné par une amende plus ou moins importante. Si des éléments vous paraissent mal équilibrés, faites les grossir ou réduire. Observez si la mise en couleurs met bien en valeur les éléments importants.

Il est encore temps à ce stade de procéder à des corrections de textes. Cependant, si celles-ci sont nombreuses, il est préférable de vous faire établir au préalable un devis, car elles risquent de vous être facturées : en effet, retirer ou modifier un mot oblige à recommander de la « compo » et repositionner le bromure, et ajouter une phrase peut modifier l'ensemble du texte. En revanche, si vous estimez que votre brief n'a pas été respecté, faites-le savoir à ce moment.

Une fois les corrections effectuées, demandez à revoir le document. A ce niveau du travail, vous devez confirmer votre accord pour que les documents puissent partir en photogravure, en apposant votre signature sur ceux-ci, ce qui correspond en langage technique à un « bon à graver ».

5.7 La photogravure

A - Les relations agence de création / photograveurs

Deux schémas types dans les relations agence de création / photograveurs peuvent se créer :

- vous donnez la photogravure à réaliser à votre agence de création : dans ce cas, l'agence travaille avec son fournisseur habituel, ou du moins le fournisseur de son choix. Il est important de faire contrôler au préalable par l'imprimeur le document d'exécution et la maquette rough, afin de vérifier s'il n'y a pas d'erreurs de format, ou d'éléments irréalisables. Cela vous permettra de prendre quelques sécurités supplémentaires afin d'éviter les litiges. Il sera nécessaire de demander à votre imprimeur son cahier des charges, afin d'en transmettre toutes les contraintes (finesse de la trame, sens d'impression, etc.) au photograveur ;
- vous choisissez vous-même votre photograveur : la démarche à suivre est identique, mais dans le cas où vous avez des corrections, sachez que celles considérées comme corrections d'auteur vous seront facturées. Si la photogravure est réalisée par votre imprimeur (il peut parfois avoir une structure interne, ou bien il sous-traitera), vous n'aurez pas de problèmes au niveau du cahier des charges, car il connaîtra déjà bien vos contraintes.

Dans ces deux cas de figure, montrez vos cromalins ou essais à votre agence de création. En cas de litige, vous pouvez faire appel au service de fabrication de l'agence de création (la plupart des agences en intègrent un), mais n'adoptez en aucun cas la position de juge-arbitre. Ils doivent être capables de régler en bonne intelligence les différents problèmes techniques qui peuvent survenir.

Il peut s'avérer que, au moment de l'impression, il soit besoin de rajouter une ou plusieurs couleurs (ce qui n'était pas initialement prévu), afin de respecter au mieux la création. Si vous aviez au préalable montré la maquette finalisée à votre imprimeur et à votre photograveur, vous pourrez négocier le prix du sur-coût des couleurs supplémentaires.

Dans le cas où la photogravure a été réalisée par l'agence de création, le problème le plus souvent rencontré est une mauvaise correspondance entre les films et le cahier des charges. Le problème se situera soit au niveau du photograveur, auquel cas il faudra procéder à des corrections de gravure (qui ne seront pas des corrections d'auteur, et ne seront donc pas facturées) ; soit au niveau de l'agence de création, qui devra prendre à sa charge les corrections de photogravure.

B - Comment définir le nombre de couleurs ?

La quadrichromie est d'une façon générale utilisée pour tout type d'impression. Il ne faut cependant pas oublier que ce procédé en 4 couleurs (les 3 primaires + le noir) perd beaucoup de fraîcheur au niveau des couleurs par rapport à la maquette, qui elle a été réalisée en une multitude de tons directs (les feutres).

En packaging, il est souvent préférable de prévoir des tons directs pour les teintes dominantes, ou celles nécessitant une grande fraîcheur. C'est aussi le cas pour les couleurs de type fluo, dorées, métallisées, ou bien les couleurs imposées par le livre des normes de la société.

Dans le cas d'emballages transparents, le blanc est une couleur supplémentaire, qu'il faudra prévoir en photogravure mais surtout en impression. Le blanc est de plus un support opacifiant et couvrant, que l'on positionne toujours dans ce cas sous les autres couleurs. De même que dans le cas d'impression « hélio » le vernis ou laquage monopolise un poste de couleur, qu'il faudra prendre en compte par rapport à la capacité des machines.

La décision à prendre concernant le nombre de couleurs vous appartient, mais vous pouvez cependant vous fier au jugement de vos interlocuteurs, et spécialement à celui du photograveur. Vous devez pour cela lui montrer la maquette rough, ou mieux, la maquette finalisée, et vous faire expliquer toutes les subtilités des choix du nombre de couleurs. N'oubliez pas que tout est sensé être possible en quadrichromie, mais attention : un vert obtenu à partir d'une trame jaune et d'une trame bleue ne donnera jamais le même résultat que la couleur pantone, sortie d'un pot d'encre.

C - Le travail du photograveur

Le document d'exécution est pour ainsi dire décortiqué par couches de couleurs (pour un travail au trait) par le photograveur.

Un négatif de l'ensemble du document est réalisé ; puis le photograveur sélectionne les zones qui ne concernent pas la couleur sélectionnée, en les gouachant à l'aide de peinture inactinique ou en collant du film inactinique. Il glisse une trame plus ou moins dense (la densité se mesure en %) s'il y a des zones à tramer, et par photo reproduit la trame ; s'il superpose ainsi plusieurs trames sur différents films, il obtient des « bendays ».

Il incorpore également couleur par couleur, film par film, les illustrations ou photos qu'il aura préalablement sélectionnées au scanner.

La plupart des photograveurs sont équipés de tables de montage électroniques, qui leur permettent de sélectionner et monter avec plus de finesse et de précision. Cet appareil offre un large éventail de possibilités : retouche de photo, trucages, reproductions, dégradés, effets optiques, etc. Cependant, bien qu'étant considéré comme un outil très performant, souple et maniable, son utilisation est encore fort complexe, le personnel qualifié rare et cher, et l'utilisation donc fort coûteuse (environ 2 000 F/heure).

D - Les films nécessaires à l'impression du packaging

Le photograveur doit réaliser les films nécessaires à l'impression. Pour cela, il faudra lui remettre les documents d'exécution, sur lesquels seront mentionnés les choix de couleurs ; en annexe de ces documents, vous remettrez les illustrations et ektachromes à graver (si vous ne possédez pas d'ekta des produits que vous voulez présenter dans votre document, il vous est possible de faire faire la photogravure à partir d'un tirage papier du type 24 x 36, tout en considérant que le résultat ne sera pas aussi précis qu'avec un ekta).

Il est nécessaire de remettre au photograveur le rough ou la maquette finalisée du projet, ce qui lui permettra, mieux que le document d'exécution, de comprendre et de percevoir les subtilités de mise en couleurs. Les films réalisés le seront en tenant compte du support sur lequel ils devront être imprimés, et des contraintes techniques de réalisation que celui-ci impose au photograveur. A noter que pour les procédés d'impression dont les formes imprimantes engendrent des phénomènes d'anamorphose (flexographie par exemple), le photograveur reprendra les documents d'exécution pour les déformer, et ce en fonction des contraintes machines qui lui auront été impérativement fournies. Il est impossible de juger la qualité d'un film. C'est pour cela que vous devez impérativement faire réaliser un cromalin, dont le prix est compris dans le devis (ou un essai, qui sera le plus souvent facturé en supplément des films), qui vous permettra d'apprécier le travail du photo-graveur ainsi que la qualité globale de votre document sur son support défi-nitif.

Les films ont une durée de vie plus ou moins longue selon les conditions de conservation ; de ce fait, ils seront difficilement utilisables pour le retirage de votre document au-delà d'un an environ, période à partir de laquelle il est fort possible qu'il y ait une déperdition dans les couleurs.

E - Le cromalin ou l'essai pour visualisation semi-définitive du packaging

Le cromalin correspond à un exemplaire « imprimé » unique, qui permet de visualiser avant tirage la mise en couleur définitive du document, la qua-lité des couleurs choisies, mais aussi le travail du photograveur. Le cromalin présente un aspect vernissé très flatteur (brillant ou mat selon votre choix), nettement supérieur au rendu définitif. De plus, il doit être considéré comme un outil de travail nécessaire pour relever toutes les imperfections du docu-ment. « Cromalin » est la marque d'un des matériels les plus anciens sur le marché.

Principes de réalisation d'un cromalin : le papier de support est d'abord laminé, c'est-à-dire recouvert d'un film photosensible ; ensuite, les films de la photogravure sont montés sur ce support sensibilisé, puis isolés dans un châssis d'exposition ultra-violets. Du coup, les parties à colorer deviennent collantes, il ne reste plus qu'à y déposer un pigment de couleur en poudre, soit manuellement, au tampon, soit automatiquement, par traitement en machine. Ces deux dernières opérations, insolation et mise en couleurs, sont répétées pour chacune des 4 couleurs de base. Il faut environ deux heures de travail pour sortir un cromalin d'un document 4 pages.

Les essais plus coûteux que le cromalin présentent le même usage, mais apportent une qualité de jugement plus proche du travail terminé. Ils per-mettent aussi de réagir de façon plus sensible sur les corrections de couleurs, car le cromalin pour sa part est toujours un peu plus rouge et plus dense que le document définitif et ne permet pas de donner la valeur des couleurs direc-tes ; il est flagrant que les couleurs utilisées en héliogravure, une fois impri-mées, sont radicalement plus fraîches. Les essais sont réalisés tout simple-ment directement sur une machine à imprimer.

Les gammes, de plus en plus rarement utilisées, représentent 5 cromalins successifs, avec chacun une couleur de la quadri (bleu, rouge, jaune, noir), puis le mélange des 4, qui correspond au cromalin traditionnel. Les gammes sont surtout utilisées par les professionnels de la photogravure.

Il faut savoir que les technologies nécessaires à la réalisation des films, des cromalins, gammes ou essais, vont évoluer de façon spectaculaire dans les quelques années à venir. Ceci se traduira bien évidemment par des délais et des prix plus compétitifs, et par une qualité de travail toujours supérieure.

F - Les films nécessaires à l'impression des codes à barres

L'élaboration d'un symbole ne relève pas de travaux de photogravure conventionnels, compte tenu de la précision métrologique qu'elle implique. Il est nécessaire de s'adresser aux sociétés spécialisées recommandées par l'organisme Gencod.

Il faut savoir, sans entrer dans les détails, que les master-films (typons des codes) sont réalisés d'après des cotes de barres et d'intervalles d'une précision de 4 à 8 microns.

Les contraintes pour l'impression

Offset : utiliser facteur 1 et si facteur 0,9, l'imprimer parallèlement au sens d'impression.

Flexographie : obligation d'imprimer les barres parallèlement au sens d'impression, de plus, placer un cadre d'appui assurant la protection des barres latérales contre tout écrasement, avec facteur de grossissement en principe supérieur à 1.

Sérigraphie : les barres seront toujours placées perpendiculairement à la raclette.

Héliographie : le sens d'impression est impératif et les barres doivent se situer perpendiculairement à la génératrice du cylindre.

Dans tous les cas, il sera nécessaire de vous renseigner chez l'imprimeur sur tous les impératifs.

La symbolisation code à barres EAN 13 demande le respect des impératifs techniques fixés par l'organisme GENCOD, ainsi que l'étroite collaboration de tous les partenaires. Seule une extrême rigueur au niveau de l'information touchant toute modification par rapport au dossier initial instruit (changements : d'imprimeur, de procédés d'impression, de support, d'encre, etc.) permettra de fiabiliser la lecture des codes sur les produits, par les lecteurs optiques des matériels de sortie de caisse des magasins.

G - Comment juger la qualité du travail

Lorsque vous recevez le cromalin, demandez à récupérer la maquette, les ektas et les illustrations ; sans ces éléments de comparaison, vous ne pourrez juger la qualité des couleurs, notamment s'il s'agit de nuances subtiles.

Le cromalin, quoique moins précis que l'essai, reste un excellent outil de contrôle pour les couleurs (sauf pour les tons directs).

Vérifiez que les filets gravés n'ont pas subi de dommages ; ils ne doivent pas comporter de rayures, et ne doivent pas avoir été modifiés au niveau de leur graisse.

H - Les délais

Lorsque vous faites les devis de photogravure, demandez toujours les délais en jours ouvrables. Cela vous permettra de prévoir quelques jours supplémentaires sur votre retro-planning, pour relire et faire relire le cromalin, et procéder aux corrections éventuelles.

En général, une photogravure n'est pas parfaite du premier coup : prévoyez de montrer le cromalin à votre agence de création et à votre imprimeur, qui sauront vous donner les bonnes indications.

I - Les coûts

S'il y a un domaine où les prix sont variables, c'est bien celui de la photogravure. Le marché a créé des différences de prix qui vont parfois du simple au double.

Faites établir un devis par votre agence de création au préalable. D'une façon générale, les moins chers n'ont pas le meilleur service, mais les plus chers ne sont pas forcément les plus compétents. Comme les prix, la qualité est plutôt variable.

Choisissez donc le photograveur qui vous semble être le plus proche de vos besoins.

5.8 L'impression

A - Les imprimeurs et la création packaging

Jusqu'à ces dernières années les imprimeurs, à la demande de leurs clients, s'occupaient de la création des packagings. Mais, quoique comprenant dans leur structure interne quelques créatifs, les imprimeurs maîtrisaient mal les notions élémentaires de marketing, merchandising et design. C'est sans doute là la raison de l'extrême pauvreté des linéaires de cette époque. Depuis environ 8 ans, sont apparues les agences de création et de design spécialisées en packaging, qui maîtrisent parfaitement ce domaine.

B - Les imprimeurs et l'exécution des packagings

Les imprimeurs peuvent également réaliser l'exécution des documents, mais il est cependant préférable de confier ce travail aux agences de création, ce qui garantira également une meilleure continuité de la création choisie.

En revanche, il sera toujours possible de faire appel aux imprimeurs pour de petites modifications au dernier moment ; ces corrections seront effectuées par des exécutants intégrés dans leur structure.

C - Les relations imprimeurs/photograveurs

Les relations imprimeurs et photograveurs sont malheureusement pratiquement inexistantes, sauf dans le cas où l'imprimeur s'occupe de la réalisation de la photogravure.

Le photograveur s'occupera rarement des problèmes qui peuvent se poser en fabrication, et vice-versa, bien que les deux s'en défendent. En cas de litige grave, il est donc souvent difficile de faire la part des choses. C'est pourquoi il est souhaitable de les mettre en relation lors d'une réunion de travail que vous organiserez, et ce afin de définir clairement les contraintes, exigences et responsabilités de chacun.

D - Préparation nécessaire à l'impression

Après avoir remis les films de photogravure à votre imprimeur, il est une étape importante que vous ne devez pas oublier dans votre planning : la réalisation du support pour l'impression, à savoir les plaques en offset, les cylindres en hélio, les clichés en flexo à partir desquels l'impression va pouvoir être réalisée.

Par exemple : les plaques offset nécessitent une journée de réalisation, et les cylindres en hélio plusieurs semaines. De fabrication d'une très haute précision, ces outils d'impression ne sont pas contrôlables. C'est uniquement au moment du B. à T. (bon à tirer) que vous pourrez en juger la qualité.

Si vous en avez l'occasion, n'hésitez pas à rendre visite à votre imprimeur ; les secteurs hélio et flexo en particulier sont des domaines d'activité très intéressants.

E - Réalisation des moules pour le nouveau volume

La fabrication des moules nécessite l'intervention de spécialistes, qui réaliseront les moules originaux de vos packagings dans des matériaux comme l'acier ou l'aluminium ; ces moules permettront au fabricant d'emballage de réaliser en quantité importante les volumes définitifs.

Il existe en France peu de spécialistes capables de réaliser correctement un moule qui supportera de grandes séries ; c'est pourquoi les délais d'attente sont de l'ordre de six mois. Il est nécessaire de réserver leur planning le plus tôt possible, car il est très difficile de le négocier. Il est possible de faire fabriquer des moules dans des délais plus rapides, en particulier pour les volumes en plastique thermoformé, mais attention : la qualité du résultat doit pouvoir vous être garantie.

La fabrication des outils de découpe pour découpoirs type machine BUSH, destinés à la découpe d'étiquettes ou de formes de découpe réalisées soit à la scie sauteuse soit au laser pour découpage de carton, devra être prise en compte tant au niveau des prix que des délais.

F - Impression des packagings

Le « calage » de la machine correspond aux diverses opérations de réglage qui permettent d'ajuster les couleurs conformément au cromalin. Pendant ce réglage, la machine est en fonctionnement, et un nombre de supports plus ou moins important sera gâché à cet usage. Une fois le réglage terminé, le chef d'atelier ou le client, s'il est présent au calage, signe le « bon à tirer » définitif. Cet accord donné, la machine peut prendre sa vitesse de production normale.

L'application éventuelle d'un vernis sera faite dans la foulée, s'il s'agit d'un vernis machine (pour un vernis UV ou un pelliculage, cette opération sera effectuée après séchage), et l'ensemble du travail sera ensuite stocké pour le séchage, d'une durée variable selon les matériaux utilisés. Les vernis UV sont à employer avec parcimonie, car deux aspects négatifs subsistent dans leur emploi : usage alimentaire parfois limité suite à certaines migrations non maîtrisées et perte des propriétés de recyclage des supports sur lesquels ils s'appliquent.

L'imprimeur doit vérifier à ce moment du travail si le produit est bien identifié par les mentions adresses conformément à la législation propre au produit.

Dans la plupart des cas, les imprimeurs sous-traitent leur travail, selon que leur capacité de production est atteinte ou pas. Quoi qu'il en soit, un imprimeur refusera rarement un travail, et ne vous tiendra pas au courant du fait qu'il sous-traite ou non votre commande : ne le sachant pas, il vous sera difficile de lui en tenir rigueur ! Malgré tout, cela peut allonger les délais, et avoir des conséquences sur la qualité du travail.

L'imprimeur pour votre travail achètera le papier ou autre support correspondant à votre commande directement au fabricant. Selon la qualité de fabrication du support, il peut y avoir des différences de qualité sur l'aspect global du packaging.

Il vous est possible, pour une très grosse quantité, de commander vous-même le support d'impression au fabricant, et de le faire livrer chez l'imprimeur qui réalisera l'impression. Cela peut vous éviter la marge appliquée par l'ensemble des imprimeurs. Cependant, en cas de litige, il vous sera difficile d'arbitrer les responsabilités de l'imprimeur et du fabricant de matières premières.

Les encres d'imprimerie, selon leur qualité, peuvent influer sur la qualité des couleurs du document, mais ceci de façon si subtile que seul un regard expert pourra le constater. Les encres dites « alimentaires » sont obligatoires pour tous les produits alimentaires qui peuvent être en contact, même après ouverture, avec les encres, bien qu'aucun texte législatif en France ni dans les pays européens, ne concerne spécifiquement les encres. En fait existent, dans les divers pays européens, des réglementations et des recommandations relatives aux emballages de denrées alimentaires, faisant partie de l'ensemble des matériaux destinés à entrer en contact des denrées alimentaires. La distinction n'est pas faite entre emballages imprimés et emballages non imprimés. L'impression intervient donc comme l'un des éléments de l'emballage. Il existe même sur le marché des encres parfumées, qui peuvent présenter selon votre produit un caractère d'originalité, ainsi qu'un impact renforcé.

Il revient à votre imprimeur de choisir les encres selon les besoins : surfaces dorées, encres fluorescentes, tenue à la lumière, résistance thermique... Des consommations d'encres sont fonction du support et de leur qualité ; il ne faut pas omettre de définir à l'imprimeur la durée de vie désirée des impressions, et penser au traitement de surface préalable parfois nécessaire.

Pour l'impression des plastiques films souples ou corps creux, attention au graphisme : éviter les repérages obligatoires et les raccords de dégradé entre haut et bas, et tenir compte des passages d'encrage des procédés sérigraphiques ou flexo. Il est impératif d'éviter les impressions sur les zones de scellage des sachets thermosoudés.

La qualité des couleurs peut être modifiée légèrement selon que votre document aura été imprimé dans un climat humide ou dans un climat sec.

Le séchage des encres et du vernis doit être prolongé le plus longtemps possible, pour éviter lors du façonnage qu'ils soient endommagés.

TABLEAU COMPARATIF DES DIFFÉRENTS PROCÉDÉS D'IMPRESSION

Il convient de choisir le procédé d'impression le mieux adapté, car chaque procédé a des domaines préférentiels de tirage.

Critères de choix	Sérigraphie (3000 av. JC) *	Typographie		Lithographie (1796) *	Héliogravure (1852-1911) *	Flexographie (1890) *	Offset feuilles (1904) *
		Platine (1440) *	cylindres				
Avantages	- impression en forme - impression grande surface - n'importe quel support - encre peu onéreuse - souplesse	- travail soigné, acceptable sur support, difficile, qualité d'impression régulière - se prête aux faibles séries - conservation des clichés en vue de retirage - bon repérage		- netteté des détails - teintes douces convenant aux illustrations en couleurs	- excellent report photos - richesse des couleurs - grande vitesse - séchage de l'encre instantané - accouplement au façonnage - évolution facile des paginations en édition	- simplicité - souplesse - faible coût des clichés - possibilité de petites séries - rapidité de séchage	- fabrication facile des clichés - répétition aisée du même sujet sur une seule plaque - douceur d'image - rapidité - possibilité d'imprimer directement 4 et même 6 couleurs plus vernis
Inconvénients	- un passage par couleur - parfois traitement surface obligatoire - nécessite four de séchage - adhérence de l'impression limitée	- production faible - séchage encres grasses long - difficultés de corrections des clichés toutefois possibles - foulage du papier (effet mécanique des caractères)		- aspect d'impression peu vigoureuse - repérage des contours imprécis - prix de revient élevé - délais longs	- corrections difficiles - limitation à la composition de petits caractères (hachage par la trame) - coût des cylindres onéreux	- adaptation des dessins au procédé - calage délicat - qualité limitée mais qui rattrape l'hélio (en prix également)	- repérage délicat - le système de véhiculage de l'encre limite l'utilisation de certains supports - contours moins nets qu'en typo - corrections des plaques ingrates - onéreux au-delà de 4 et 6 couleurs
Domaines préférentiels pour tirages	- affiches - P.L.V. - décoration - flacons - circuits imprimés - produits lessiviels - marquage cubes	- faibles séries 20 000-30 000 exemplaires - petits formats tels étiquettes - repiquage - travaux administratifs numérotés, perforés... - un passage par couleur		- la vraie litho devient de plus en plus rare - affiches, tableaux publicitaires - musique, décalcomanie	- impression grandes séries - édition catalogues et magazines - emballages de qualité sur supports souples : plastiques et complexes en particulier	- emballages cadeaux - sacs - carton ondulé - compact petites séries - actions promotionnelles	- impression d'emballages de qualité - édition de qualité courante - polychromie

* Années d'invention.

G - Impression des codes à barres

Détermination des conditions d'impression :

- tous les imprimeurs destinés à réaliser des travaux d'impression doivent réaliser des tests d'imperméabilité à partir de jauges standard EAN sur l'ensemble de leur parc de machines ;
- les tests d'imprimabilité selon les procédés d'impression, les matériels, la qualité des supports sur lesquels les codes seront imprimés, les encres, etc., permettent, après examen, de déterminer les caractéristiques du code barre EAN 13.

H - Façonnage et outils de découpe (impression offset sur feuille)

Le façonnage ne peut s'effectuer correctement qu'à partir du moment où l'encre d'impression et le vernis sont totalement secs. Le façonnage : quel que soit le format, votre travail sera de toute façon imprimé sur un format supérieur, puis façonné au format choisi.

La précision du façonnage est de l'ordre de 2 mm environ. Il est donc à exclure de prévoir l'impression d'un filet de couleur en limite du document, car celui-ci pourrait disparaître au moment du façonnage, selon la précision de coupe.

Pour les packagings présentant une forme de découpe originale, voire complexe, il sera nécessaire de réaliser l'outil de découpe adapté. Celui-ci représente un coût non négligeable, qu'il convient de prendre en considération. Il convient de le prévoir au planning et de l'envoyer au moment du lancement de la photogravure (la forme de découpe se présente sous la forme d'un dessin au trait noir). En effet, la réalisation de l'outil de découpe étant plus longue que l'impression, cela peut vous faire gagner du temps sur vos délais.

Après la coupe, le façonnage comprend les diverses opérations de pliage du document. Au-delà de 1 000 exemplaires, celles-ci sont le plus souvent réalisées sur des plieuses automatiques.

Les packagings papier au-dessus de 170 g devront subir avant pliage une opération de rainage, ce qui permettra du fait de l'épaisseur du papier un pliage plus facile, mais évitera surtout que le papier ne se casse au pliage, ce qui donnerait un mauvais aspect au travail finalisé.

Les sociétés de façonnage sont le plus souvent des sociétés indépendantes des imprimeurs ; en effet, les investissements en machines sont assez conséquents. De plus, la technologie n'est pas la même que celle de l'imprimerie.

I - Assemblage (imprimés papier ou carton)

L'assemblage est l'opération qui va donner sa forme définitive au document. Il peut se faire suivant différents procédés :

- colle,
- agrafes (appelées aussi piqûres métal),
- encastrement.

L'assemblage peut être réalisé par des sociétés spécialisées, sous-traitants des imprimeurs. Ce travail fait appel autant à la technologie qu'à la main-d'œuvre.

Il peut également être réalisé par les industriels eux-mêmes (par exemple pour des boîtes de gâteaux), car il faut souvent souder les films une fois que le produit y a été mis.

L'assemblage est lui aussi extrêmement important, car s'il est mal fait, le packaging donnera une mauvaise image du produit et de l'entreprise qui le diffuse.

J - Les délais et les coûts

Ils doivent être négociés et planifiés longtemps à l'avance. Rédigez avec vos fournisseurs un retro-planning, et faites-le leur signer. D'une façon générale, les délais ont toujours tendance à être élastiques, et ce toujours à votre désavantage. Soyez donc vigilant, et surveillez le bon déroulement des opérations.

Les coûts sont bien évidemment variables en fonction du travail que vous avez à faire réaliser. Ils sont pourtant, à la différence des prix des photograveurs, assez proches d'un imprimeur à l'autre.

Bien entendu, pour pouvoir établir une comparaison exacte entre leurs devis, assurez-vous de bien communiquer un brief identique à chacun d'eux. N'hésitez pas en revanche à poser des questions à la réception de ces devis, cela peut attirer votre attention sur des aspects techniques que vous n'auriez pas abordé.

La rapidité, le sérieux et la clarté des devis sont de bonnes indications pour vous faire une idée du travail de votre imprimeur.

6. Le contrôle

6.1 Responsabilité des commanditaires

Attention : les différents intervenants (agence, illustrateurs, photographes, photograveurs, imprimeurs, etc.) en cas de difficultés se rejetteront peut-être les responsabilités. Ne l'oubliez jamais, et considérez que, quoi qu'il arrive, il vous faudra faire face à celles-ci.

En cas de litige grave, il vous sera nécessaire d'organiser une réunion générale au cours de laquelle chacun pourra expliciter son point de vue et ses problèmes.

Souvenez-vous que si celle-ci a bien été organisée comme prévu au commencement du travail, la quasi-totalité des problèmes graves auront été évités.

Assurances

Dans le cadre de la responsabilité des diverses entreprises de la chaîne graphique, il apparaît des risques auxquels les différents intervenants s'exposent. Pour exemple ne serait-ce que le cas de la conformité des codes à barres EAN 13 considérés comme partie intégrante du produit, et dont la non lisibilité peut être lourde de conséquences et de préjudices commerciaux.

Dans le cas d'un refus de marchandises, qui va avoir tort ? Le maquettiste qui a préconisé une couleur qui ne permet pas le décodage, l'imprimeur qui était le dernier rempart, le photograveur qui a pu modifier lors de la sélection la métrologie des barres, etc.

Vous avez tout intérêt à connaître la structure des contrats d'assurance de vos commettants. Les contrats sont en général dits classiques et relèvent de la responsabilité du chef d'entreprise : faute inexcusable, recours de la sécurité sociale, aides bénévoles, intoxications alimentaires, responsabilité civile après livraison (par exemple d'éventuelles poursuites juridiques par suite d'une ressemblance involontaire due à l'utilisation d'images existantes par les créatifs). Les clauses sont insuffisantes aujourd'hui et elles devraient s'accompagner d'une GARANTIE SPÉCIFIQUE couvrant la responsabilité civile professionnelle et/ou après livraison pour tous dommages confondus (cela peut se dénommer assurance immatérielle). Consultez vos compagnies d'assurance et exposez-leur vos problèmes.

6.2 Contrôle qualité

Présentez ce packaging autour de vous. Le jugement et l'appréciation de votre entourage sera pour vous d'une extrême importance, et il jugera le packaging dans son ensemble mieux que vous, qui avez vécu tous les détails de la réalisation technique.

Récupérez le B. à T. que vous avez signé lors du calage de la machine. Récupérez également les cromalins ou essais, et choisissez dans différents lots et au milieu des lots un exemplaire.

L'encre ne doit pas avoir « bavé », ni être étalée de façon irrégulière.

Dans les zones opaques (sur des emballages transparents), vérifiez la densité de la couche blanche couvrante.

Les typographies doivent être lisibles, ni « écrasées », ni effacées.

Les tons directs doivent correspondre aux références pantones choisies, et la quadrichromie ne doit pas être fondamentalement différente du cromalin.

Vérifiez que votre support correspond bien à votre commande : le papier par exemple doit avoir de la tenue, ne pas être mou, et doit avoir été imprimé dans le bon sens : sens marche du papier parallèle à la plus grande dimension (passage sur les étiqueteuses).

Le support doit avoir les propriétés dont vous avez besoin, par exemple des bouteilles en plastique ou en verre ne doivent ni être brûlées, ni être déformées, ni être rayées ; pour des étiquettes autocollantes, vérifiez la qualité de l'autocollant, du vernis ou du pelliculage.

6.3 Maîtrise des délais

Le planning des différentes étapes de la réalisation de vos packagings est-il clairement défini à l'avance avec vos fournisseurs ?

oui : 92,2 %   *non : 6,2 %*
ne se prononcent pas : 1,6 %

Lifting ou nouveau produit

Le planning est un des éléments les plus importants dans la réussite qualitative d'un travail. S'il est trop juste, aucune marge de manœuvre n'est possible. Toutes les décisions ou solutions apportées à un problème le seront le plus souvent par dépit. S'il est trop long, l'attention et la vigilance de chacun risquent d'être moins fortes, et cela peut occasionner, autant que des délais trop courts, des risques d'erreur. Dès le départ, définissez avec vos fournisseurs le plus juste équilibre concernant le temps de leur intervention.

Les délais moyens ci-après sont justifiés pour la réalisation d'un seul packaging du type boîte carton ou sachet plastique. Ils peuvent varier selon la complexité du travail, vers des délais plus longs, mais rarement plus courts. Le délai justifié en face de chaque étape inclut les corrections éventuelles. Dans l'hypothèse où il n'y en aurait pas, celui-ci pourrait être légèrement réduit. La déclinaison d'un packaging dans différentes versions de couleurs ou de tailles différentes n'engendre pas de grands changements au niveau des délais de réalisation, cela dans une juste proportion.

Étapes

Le travail se décompose en 7 étapes. (délais moyens)

1. Le brief de départ : l'analyse et les recommandations (store-chek, réflexion) : 10 jours à 2 semaines

2. La conception : 15 jours à 3 semaines
- brief définitif,
- conception maquettes rough et conception rédactionnelle (2 à 3 étapes).

3. Réalisation de maquettes finalisées : 1 semaine

4. Réalisation de tests : 3 semaines

5. L'exécution : 2 semaines
- prise de vues ou illustrations,
- exécution des documents pour photogravure (mise au propre des textes fournis, photocomposition, opérations labo),
- contrôle des prises de vues,
- contrôle des documents pour corrections éventuelles,
- relecture des documents après éventuelles corrections pour « bon à graver ».

6. La photogravure : 1 semaine à 10 jours
- photogravure,
- corrections éventuelles de photogravure (sur cromalin ou essai),
- présentation photogravure pour « bon à tirer ».

7. L'impression : 5 à 8 semaines
- fabrication du support (papier, carton),
- remise des films à l'imprimeur pour fabrication des plaques ou cylindres, etc.,

- calage machine pour impression,
- façonnage,
- assemblage,
- livraison.

- **Les imprévus**

La connaissance de toutes les étapes détaillées ci-dessus permet d'éviter de façon presque totale les risques d'imprévus. Néanmoins, ne vous engagez pas trop vite : attendez de constater l'évolution normale du travail. En effet, dans la réalisation d'un travail qui fait appel au croisement de nombreuses technologies, la perfection n'est hélas que trop souvent une recherche permanente de compromis.

Chapitre 6

LA MAÎTRISE DES COÛTS

1. Les devis

> Les devis présentés par vos différents fournisseurs sont-ils clairs ?
>
> oui : 76,5 %   non : 21,9 %
> ne se prononcent pas : 1,6 %

> Comprenez-vous les tarifs appliqués ?
>
> oui : 78,1 %   non : 17,1 %
> ne se prononcent pas : 4,8 %

Vous devez exiger auprès de tous vos fournisseurs des devis détaillés, de façon à pouvoir éliminer un poste ou un autre selon vos budgets.

Ce que vous aurez à payer quel que soit le travail :

- l'analyse et la recommandation stratégique de l'agence = un prix forfaitaire basé sur l'importance du travail à fournir. Les tarifs des agences sont très différents concernant ce travail : certaines allant jusqu'à ne pas le facturer, considérant qu'il s'agit d'une étape de base de toute façon indispensable pour les créatifs de l'agence ;

- la conception = du temps nécessaire à la réalisation des maquettes rough, selon le tarif horaire de votre agence + éventuellement des frais techniques selon le degré de finalisation demandé pour ces maquettes ;

- les maquettes finalisées = du temps + des frais techniques compo/ transferts ;

- l'exécution = du temps nécessaire au montage des documents, selon le tarif horaire de votre agence + la photocomposition des textes + les opérations labo ;

- les prises de vues ou illustrations = un prix forfaitaire de départ correspondant à la valeur du photographe ou de l'illustrateur + des frais techniques divers pour les prises de vues + les frais de développement des pellicules + les droits d'auteur ;

- la photogravure = un tarif forfaitaire de départ, comprenant tous les frais techniques, films compris + les cromalins ou essais ;

- l'imprimerie = un prix forfaitaire de départ, comprenant les plaques, cylindres, etc., nécessaires à l'impression (réalisées à partir des films), le tirage, le support à imprimer (carton, verre, etc.) + peuvent s'ajouter en supplément le vernis (= des frais techniques), le façonnage (= des frais techniques), l'assemblage (= un tarif horaire de main-d'œuvre, ou des frais techniques).

Les devis reposent sur un brief de départ ; il est donc important que le brief soit précis, car selon l'évolution de travail, les prix peuvent varier.

Il est prudent, quand vous faites vos budgets, de prévoir une marge de sécurité, même minimum, pour couvrir ces risques.

Ne demandez pas un devis dans un délai trop court, car cela peut dans certains cas avoir une incidence sur le montant de celui-ci ; en effet, un devis calculé trop vite peut être majoré par sécurité.

Faites faire aussi souvent que possible des devis comparatifs, et faites-le savoir à vos fournisseurs favoris. Même si d'avance vous leur dites claire-ment qu'ils ont votre confiance, et qu'a priori le travail leur reviendra, ils ne doivent pas se trouver en terrain conquis, cela aurait forcément à la longue une incidence sur les devis présentés.

2. La facturation

La facture du travail fourni doit être la plus détaillée possible. Elle doit correspondre au devis qui vous a été soumis au préalable.

Si celle-ci est différente, plusieurs raisons possibles :

- l'analyse et la recommandation stratégique : si votre brief a changé, le travail sera à recommencer et vous sera facturé une seconde fois ;
- la conception : vous avez fait refaire les maquettes rough pour avoir changé en cours de travail votre brief. L'agence n'y est pour rien ; elle vous facturera la nouvelle conception en plus de la première ;
- maquette finalisée : idem « l'exécution » ;
- l'exécution : vous avez, après avoir fait commencer l'exécution du document, changé certains textes ou certains éléments définis au départ. Cela s'appelle en langage technique des « corrections d'auteur ». Elles vous seront facturées en plus sur les bases normales de factura-tion du travail (temps + frais techniques) ;

– les prises de vues ou illustrations : vous les faites refaire parce que le résultat ne correspond pas à ce à quoi vous vous attendiez. Si le travail est identique au brief, et sans reproches techniques, la deuxième prise de vues ou illustration vous sera facturée sur les mêmes bases et en plus de la première. Vous avez oublié de faire préciser sur le devis le montant des droits : attendez-vous à une éventuelle modification du prix ;

– la photogravure : à la visualisation des cromalins ou essais, vous faites faire des corrections de mise en page, de textes (même pour fautes d'orthographe), de mise en couleurs, changement de photos ; alors sachez que la presque totalité des films, cromalins ou essais selon les corrections demandées seront à refaire. Dans ces cas, attendez-vous à des modifications de prix assez conséquentes. Les seules corrections à apporter sur une photogravure se situent exclusivement au niveau de la mise en couleurs du document. Si celle-ci n'est pas conforme à votre demande, il y a lieu d'apporter une ou plusieurs corrections sur les films, et de refaire un cromalin ou essai à charge du photograveur. Si le changement de couleurs vous revient, le coût de cromalin ou essai aussi ;

– l'impression : vous avez :
   • demandé des quantités de tirage plus importantes que sur le devis,
   • fait rajouter un vernis,
   • modifié les formats,
   • augmenté les caractéristiques techniques du support,
   • augmenté le nombre d'opérations de pliage,
   • augmenté le nombre de couleurs à imprimer.

Ces opérations vous seront facturées en supplément.

Vous faites refaire un travail qui ne vous plaît pas : s'il est conforme au cromalin ou à l'essai par ses couleurs, et que la qualité globale de l'impression est bonne, le travail vous sera facturé une deuxième fois (dans ce cas, il aurait fallu faire refaire le cromalin ou l'essai).

Vous demandez une adresse de livraison autre que l'adresse du devis : il est possible, si cette distance est plus longue que la première, que l'on vous facture la différence.

3. Les budgets

Pour la réalisation d'un packaging (étude, création, exécution, illustration, photo et gravure) votre budget se situe-t-il entre :

10 000 et 15 000 F	6,2 %
15 000 et 25 000 F	6,2 %
25 000 et 40 000 F	14,3 %
40 000 et 60 000 F	20,3 %
d'avantage	43,7 %
Ne se prononcent pas	9,3 %

Les chiffres ci-dessus vous permettent de vous situer réellement par rapport au marché, et de situer le tarif de vos agences actuelles par rapport à ce même marché.

Les grandes agences de packaging estiment que les prix varient entre 200 000 et 300 000 francs pour la création d'un seul produit (conception volume et graphique). La déclinaison de toute une gamme peut entraîner des budgets allant jusqu'à 1 à 2 MF. Les agences de taille moyenne pratiquent des tarifs plus modestes, environ 50 000 à 100 000 francs pour la création d'un seul produit. Le prix reste en packaging un critère de choix déterminant, qui a autant d'importance que la créativité, les références, et la capacité de l'agence à appréhender le problème.

Il est important, au-delà du prix de départ annoncé par les agences, de bien envisager tous les suppléments de coûts ou « budgets à tiroir », cette analyse effectuée, vous pourrez alors définitivement comparer les devis.

Les grosses agences sont plus chères mais plus fiables, de par leur structure et leur expérience. Les agences moyennes sont moins chères, et aussi parfois plus motivées à gagner durablement votre confiance.

Conclusion à la bonne réalisation d'un packaging

Le but essentiel de cet ouvrage a été de vous sensibiliser aux véritables enjeux économiques que représente un bon packaging pour votre entreprise ; et par conséquent de consolider la place qu'il doit prendre dans votre stratégie marketing, tout en vous donnant les moyens d'en conduire efficacement la réalisation. Chaque création en packaging est une aventure qui se vit différemment selon les conditions dans lesquelles elle est réalisée : ce ne sont jamais les mêmes paramètres à prendre en compte. En packaging comme dans d'autres domaines, ce sont les problèmes résolus qui permettront une bonne progression et qui enracineront qualitativement vos multiples réalisations.

Le meilleur résultat que vous pouvez escompter à travers la qualité de votre packaging est qu'il soit, pendant un temps le plus long possible, le packaging de référence en la matière. Il doit devenir par sa forme, ses couleurs, sa construction graphique un point de repère pour vos clients et pour vos concurrents.

L'élaboration d'un brief packaging complet sera pour vous la meilleure garantie de qualité d'un bout à l'autre de sa réalisation. Vous pourrez alors escompter à travers ce nouveau packaging différents types de résultats :

- l'augmentation de vos ventes en correspondance avec vos objectifs,
- un packaging qui par sa conception atteindra la cible visée,
- un message qui sera traduit clairement dans l'esprit du consommateur,
- la prise en compte des attentes des consommateurs, de leurs habitudes, du marché, de la concurrence.

Mais vous devrez aussi attendre de votre packaging qu'il défende parfaitement les couleurs de votre entreprise, et qu'il aille dans le sens de l'image que vous souhaitez donner de votre société et de vos produits.

Chapitre 7

FICHES
TECHNIQUES

RÈGLES VISUELLES

A - CONSTRUCTIONS GRAPHIQUES

Ces éléments, très théoriques, vont vous permettre de mieux comprendre les règles de base de la création et de la mise en page :

- **La ligne** : le point à lui seul peut être une forme, une force. Un seul petit point sombre sur une grande surface blanche accroche le regard. La ligne est une succession de points ; sa position et son sens vont en déterminer des impressions différentes.

1. L'horizontale : sentiment de tranquillité, repos, calme.

   Déplacement et rapidité.

   C'est une ligne facile, qui va dans le sens de nos yeux.

2. La verticale : équilibre, partage, justice, régularité, droiture. Lisibilité plus difficile.

3. L'oblique : ascendante, donc difficulté, mais volonté de réussite. Élan, passion.

   Descendante : chute, vertige, obligation de regarder vers le bas, y être entraîné malgré soi.

4. Les angles : énergie, action ; guerre, éclatement (B.D.).

   Poids donc écrasement.

   Agressivité.

5. Ligne brisée : agressivité, violence, énergie.

   Éclair, rythme, bruit, angoisse, dépression.

6. Ligne courbe : douceur, grâce, gaieté, instabilité, féminité, mollesse, paresse, naïveté, euphorie.

L'épaisseur d'un trait peut lui ajouter une idée supplémentaire :

- ligne fine : impression de délicatesse et d'élégance ;
- ligne épaisse : énergie, volonté, poids ;
- ligne longue : vivacité mais fragilité ;
- ligne courte : souplesse.

- **La forme :** en packaging, toutes les formes doivent se ramener à des formes géométriques régulières ou irrégulières.

1. Le carré : stabilité, régularité, robustesse, rigidité, volonté
   Sur la pointe : instabilité, équilibre.

2. Le triangle : agressivité, mouvement, légèreté.
   Équilatéral : équilibre, mesure.
   Isocèle : volonté, mouvement, élévation, équilibre.

3. Le rectangle : élégance, dynamisme.
   Action achevée, stabilité.

4. Le cercle : perfection, forme ponctuelle.
   Arrêt, attention.

5. Le losange : élégance, goût, recherche, masculinité.

6. L'ovale : distinction, souplesse, féminité.

Les figures géométriques irrégulières traduisent le désordre et l'instabilité. Attention : la psychologie des formes est différente selon les cultures.

- **Le rythme :** dans une mise en construction packaging, on obtient le rythme en organisant la répartition des formes, des blancs et des noirs, de la couleur et des vides, des textes et des illustrations. En les articulant autour d'un centre d'intérêt, la rupture de rythme peut produire le même effet paradoxal.

- **Le mouvement :** l'attention éveillée par la forme, la ligne, la couleur, est accentuée par le mouvement. Le mouvement est possible dans sa réalité (cinéma, TV, étalages, écrans vidéo), il ne l'est plus en packaging... dans le sens propre du mouvement ; il faut alors le suggérer.

La flèche d'indication donne une direction à suivre. Le regard obéit au même réflexe chaque fois qu'une indicativité est donnée par une forme, un groupe d'éléments, une suite de dessins et de textes disposés de façon à provoquer un mouvement de direction. La représentation d'objets en mouvement est préférable aux objets inertes. Si l'on répartit les formes entrant dans la composition d'une mise en page, on peut encore créer le mouvement dans le plan.

Des formes juxtaposées peuvent donner une impression de profondeur, en dehors de toute perspective. La perspective, la direction d'un regard, la position d'un personnage, accentuent la profondeur ainsi que la direction.

Le mouvement, c'est l'apport suggéré d'une troisième dimension (relief) sur un plan bidimensionnel. La couleur ajoute au relief (tons rentrants, tons sortants).

- **Sens de lisibilité** : nos habitudes de lecture déterminent un déplacement du regard dans la forme. D'une manière rapide et schématique, l'œil traverse en diagonale un format.

- **La composition** : c'est la manière de réunir esthétiquement les divers éléments d'un packaging, afin que l'ensemble soit agréable à la vue.

  – Composition symétrique

  – Règle de compensation : les grandes masses vers le centre les petites masses vers les marges densité/coloré : milieu et premier plan, harmonies plus douces : bord et fond.

  – Règle d'or : la surface du dessin est divisée en 3 parties horizontales et 3 parties verticales. On évite ainsi la symétrie en localisant les éléments.

- **Organisation des surfaces** : dans une forme donnée, la répartition des surfaces doit être organisée. Une mise en page en packaging demande une étude de mise en place des différents éléments qui la composent (textes, photos, illustrations). Une forme appelle une contre-forme. La position des éléments, leur direction, leur importance doivent être étudiées en fonction du cadre et du fond. Leur assemblage peut engendrer le cahot ou l'harmonie. La recherche de cet assemblage en vue de faciliter le rôle du message visuel que l'on veut transmettre doit être organisé. C'est ainsi qu'un point sur une feuille blanche détermine déjà une division de l'espace. Rien ne doit être laissé au hasard, ne serait ce qu'un seul mot dans une phrase.

PHOTOGRAPHIES

EXTRAITS DU CODE DES USAGES ET CONDITIONS GÉNÉRALES
de la Fédération Française des Associations de Photographes Créateurs ou (F.A.P.C.)

1. Toute réalisation photographique, quelles que soient ses caractéristiques, confère au photographe, son auteur, les droits à la propriété artistique, selon les termes de la loi du 11 mars 1957.

2. L'utilisation d'une photographie, quelle qu'elle soit, et quel qu'en soit l'usage : diffusion, exposition, reproduction, etc., ne peut se faire sans l'accord écrit du photographe, et comporte le paiement de droits d'utilisation.

3. Toute photographie diffusée, exposée, reproduite, doit obligatoirement faire mention du nom du photographe.

4. Le photographe est propriétaire des films négatifs et des diapositives réalisées par lui. Il doit fournir des tirages – sur papier ou sur film – conformes aux exigences techniques de la reproduction. Dans le cas où les documents originaux (négatifs ou diapositives) seraient confiés, ils doivent être restitués en parfait état au photographe dans un délai maximum de trois mois. Passé ce délai, une indemnité correspondant au maximum des droits d'utilisation sera facturée. Le photographe s'engage à conserver les documents originaux à la disposition de son client durant un délai minimum de 3 ans.

5. Même en cas de cession des documents originaux, à moins d'accords contraires, le photographe conserve ses droits de reproduction ou d'utilisation.

6. Toute commande doit être ratifiée par un bon signé par le client ou son représentant mandaté. Sur ce bon de commande, il doit être précisé : la nature du travail demandé, les conditions de travail, une indication de prix, l'utilisation

qui sera faite en fonction du plan de campagne. Pour toute utilisation autre que celle indiquée sur le bon de commande, des droits complémentaires peuvent être demandés par le photographe.

7. Un acompte d'au-moins 1/3 doit être versé lors de la commande. Les maquettes et tous projets sans suite seront payés comptant, sur la base minimum du remboursement des frais techniques, des frais annexes et des honoraires du photographe, à l'exclusion des droits de reproduction. Le paiement des factures de travaux photographiques doit intervenir au plus tard dans le mois qui suit celui de la facturation – sauf convention particulière acceptée par le photographe. Tout litige doit d'abord être soumis au Conseil Supérieur de l'ANPPM (Association Nationale des Photographes de Publicité et de Mode).

8. Les frais annexes : décors, accessoires, déplacements, etc., sont à la charge du client et réglés comptant sur notes de frais et honoraires.

9. Les cachets des mannequins et personnages figurant sur un document photographique sont à la charge du client bénéficiaire, qui doit en outre assumer les responsabilités juridiques, fiscales et sociales consécutives à l'exploitation et à la reproduction des documents sur lesquels figurent ces personnages.

10. Le photographe n'est pas responsable des objets à photographier qui lui sont confiés.

ORDONNANCEMENT DES TEXTES INFORMATIFS ET LÉGISLATIFS

a) Textes légaux devant figurer dans un même champ visuel

Il n'y a pas lieu de considérer le champ visuel comme l'espace présenté à la vente. Cette notion suppose simplement un regroupement des informations à un ensemble : homogène, bien distinct, facilement visible, indélébile et accessible pour le consommateur. Dans le même champ visuel doivent (dans la majeure partie des cas) figurer les mentions :

- dénomination de vente ;
- poids ou volume net (exprimés en mesures légales) ;
- métrologie (associée au poids ou volume) ;
- date limite d'utilisation optimale (cf. tableau joint) ;
- conservation à...

Nota : Ingrédients (dans l'ordre décroissant, avec indication du pourcentage pour certains d'entre eux) peuvent être placés ailleurs ainsi que les mentions adresses, mais sont à associer si possible sur les produits de la marque pour une meilleure information consommateur. Pour les denrées altérables, voir les réglementations particulières.

b) Textes autres et informatifs

Ils peuvent constituer un autre ensemble homogène ou se répartir harmonieusement sur les différentes faces du packaging dans l'ordre suivant :

- conseils de préparation, d'utilisation ou de cuisson,
- suggestion culinaire,
- valeur nutritionnelle et énergétique,
- mode de conservation (mention différente de la température de conservation obligatoire sur certains produits),
- visuel produit entreprise (si non placés dans le même champ visuel qu'indiqué au paragraphe 1) associé aux mentions adresses.

c) Composition/Typographie

- titres et sous-titres : corps, graisse et typographie à la discrétion du designer ;
- texte en lettres minuscules (bas de casse) d'une typographie courante, facilite les corrections ;
- dans le cas de texte en réserve utiliser des corps gras ;
- pour les impressions sur petit format : attention à ne pas utiliser des caractères trop petits (éviter les textes trop longs) ;
- adresses : mêmes spécifications mais en majuscules, assurent une meilleure reconnaissance.

RÈGLES GÉNÉRALES

1. Observer exactement les indications des tableaux, en particulier pour le choix des lettres et pour l'emploi des majuscules et des minuscules.

   Exemples : gr = grade et non pas gramme ; M = Méga et non pas mètre ; C = Coulomb et non pas centime)

2. Écrire les symboles sans « s » au pluriel et sans point final.

   Exemples : 7 kg et non Kg. ou kgs ; la lettre « s » est en effet réservée pour les secondes de temps.

3. Ne pas séparer le symbole du préfixe de celui de l'unité.

   Exemple : 7 mm et non m/m ou m.m. D'après les règles n° 5, le symbole m/m représente une pente en mètre par mètre.

4. Lorsqu'une grandeur est le PRODUIT de deux autres, séparer les deux symboles composants par un point, signe de la multiplication.

   Exemples : couples en m.kg ; travail en kg.m ou en kW.h.

5. Lorsqu'une grandeur est le QUOTIENT de deux autres, séparer les deux composants par une barre inclinée, signe de la division.

   Exemples : pressions en kg/cm^2 ; vitesse en km/h

6. Lorsqu'une grandeur est à la fois le PRODUIT et le QUOTIENT de deux autres, appliquer les deux règles précédentes.

   Exemples : consommation en g/ch.h ; puissances en kg.m/s

7. N'inscrire les symboles qu'après les nombres et non dans le corps du nombre.

   Exemples : 1,70 m et non 1 m,70 ; 57,25 Fr et non 57,Fr25

8. Pour les nombres entiers : séparer les tranches de trois chiffres, à partir de la droite par un espace blanc et non par un point.

   Exemples : 46 527 et non 46.527

9. Pour les nombres fractionnaires : séparer la fraction décimale par une virgule et séparer les tranches de trois chiffres à partir de la virgule, par un espace blanc et non par un point.

   Exemples : 0,325 76 et non 0,325.76

10. Écrire en mêmes caractères et sur une même ligne tous les chiffres d'un nombre entier ou fractionnaire.

    Exemples : 3,75 et non 3,^{75} ou 3^{75}. (Les chiffres décalés vers le haut représentent des exposants.)

11. Ne jamais écrire les parties fractionnaires sous forme de fraction.

    Exemples : 0,5 et non 1/2 ; 3,75 et non 3 3/4

MENTION DES ADRESSES

1. Identification de commercialisation de la marchandise

La seule mention à faire figurer généralement sur les produits Entreprise est : Entreprise (raison sociale...) adresse postale.

2. Identification du pré-packaging

Sous la mention Entreprise porter EMB suivi du numéro et de la lettre éventuels attribués par le Service des poids et mesure de l'Établissement qui assure le conditionnement des marchandises.

3. Identification du fabricant

Dans certains cas, il n'est pas nécessaire d'indiquer le code packaging délivré par le Service des poids et mesures, l'identification des prépackagings se fait par l'indication d'un code fabricant délivré par le Service de la répression des fraudes ou par une estampille sanitaire à la suite d'un agrément par les Services vétérinaires compétents.

- Numéro fabricant : FAB suivi du numéro et de la lettre attribuée par l'Administration concernée. C'est principalement le cas pour les conserves et semi-conserves.
- Numéro d'atelier agréé, estampilles sanitaires : pour les produits tels que conserves, semi-conserves, glaces et crèmes glacées, produits laitiers, surgelés, conserves, à base de viande destinée à la consommation humaine, l'identification du prépackaging est assujetti à l'inscription à un registre des services de contrôle. Dans certains cas une estampille sanitaire nationale et/ou communautaire doit figurer sur l'emballage.

4. Produits importés

- Mention d'importation : importé de (pays en 4 mm de haut) pour tous les pays autres que ceux de la Communauté européenne.
- Adresse ou non de l'importateur : voir le tableau annexé.

5. Positionnement et typographie

L'ensemble de ces mentions devront être regroupées dans un même champ visuel, et dans un corps en harmonie avec les normes métrologiques et les procédés d'impression. Ces mentions seront composées en caractères gras si elles viennent en réserve dans un aplat de couleur foncée, en corps 6 minimum pour les impressions réalisées en flexographie ou héliogravure. En cas de caractères inférieurs une bonne lisibilité devra être assurée.

6. Important

Les règles sont bien entendu à appliquer dans le cadre de la législation en vigueur et en tenant compte des réglementations d'exception d'usage.

DATES LIMITES DE VENTE

Denrée périssable dans un délai de :	6 semaines maxi	Supérieur à 6 semaines		
Nature de la date	DLC (Date Limite de Consommation)	DLUO (Date Limite d'Utilisation Optimale)		
Mention précédant la date	- « A consommer avant... » - « A consommer avant la date figurant... »	- « A consommer de préférence avant... » - « A consommer de préférence avant fin... »		
Expression de la date	- JOUR - MOIS - ANNÉE ou éventuellement - JOUR - MOIS	JOUR - MOIS - ANNÉE		
		ou éventuellement si durée		
		inf. à 3 mois	entre 3 et 18 mois	inf. à 18 mois
		Jour Mois	Mois Année	Année

TEXTES RÉGLEMENTAIRES NATIONAUX avant le 20-6-1992 :

1. Modification de l'expression de la date limite de consommation qui devra être précédé de la mention : « à consommer jusqu'au » au lieu de « à consommer avant ».

2. Identification du lot auquel appartient une denrée alimentaire.

ADRESSE D'IMPORTATION

Lieu de condition-nement	Présence ou absence du	Mentions obligatoires répondant aux dispositions du décret étiquetage et du décret métrologie
Produit conditionné en France	e	Nom et adresse en clair du conditionneur en France **ou**
	absence e	Nom et adresse en clair d'un vendeur dans la CEE ou du fabricant et identification du conditionneur en France (adresse en clair ou code)
Produit conditionné dans un autre pays de la CEE	e	Nom et adresse en clair de l'importateur dans la CEE **ou** Nom et adresse en clair d'un vendeur dans la CEE ou du fabricant et identification du conditionneur dans la CEE (adresse en clair ou code)
	absence e	Nom et adresse en clair de l'importateur en France **ou**
Produit conditonné hors CEE	absence e	Nom et adresse en clair d'un vendeur dans la CEE du fabricant ou du conditionneur et identification de l'importateur en France (adresse en clair ou code)
	e	Nom et adresse en clair de l'importateur dans la CEE **ou** Nom et adresse en clair d'un vendeur dans la CEE du fabricant ou du conditionneur et identification de l'importateur dans la CEE (adresse en clair ou code)

NORMES MÉTROLOGIQUES : MASSES ET VOLUMES ET SIGNES ASSOCIÉS

1. LE POIDS OU LA CONTENANCE

poids **inférieur ou égal à 50 g** contenance **inférieure ou égale à 5 cl**	hauteur **2 mm**
poids **supérieur à 50 g et inférieur ou égal à 200 g** contenance **supérieure à 5 cl et inférieure ou égale à 20 cl**	hauteur **3 mm**
poids **supérieur à 200 g et inférieur ou égal à 1 000 g** contenance **supérieure à 20 cl et inférieure ou égale à 100 cl**	hauteur **4 mm**
poids **supérieur à 1 000 g** contenance **supérieure à 100 cl**	hauteur **6 mm**

2. LE TAUX D'ALCOOL X % VOL.

pour les spiritueux (+ 25 % d'alcool) :
- X % : hauteur **5 mm** minimum (sauf **3 mm** pour faibles volumes)
- vol : hauteur suffisante pour être lisible.

pour les vins :
- X % : hauteur **3 mm** minimum,
- vol : hauteur suffisante pour être lisible.

3. SIGNES ASSOCIÉS
vignette Sécurité Sociale : ⌀ 12 mm - vol mini > 10 cl

4. SIGNES COMMUNAUTAIRES

e : (contrôle de production, métrologie de contenu)	Signes communautaires garantissant le contrôle de la production et la conformité de qualité métrologique. Hauteur minimale **3 mm**.
ε : (contenant : récipient mesure Epsilon)	Placé dans le même champ visuel de l'indication de masse ou de volume.

A D Symboles apéritifs et digestifs : SUPPRIMÉS.

SYMBOLES DU SYSTÈME MÉTRIQUE

Extrait de la norme B.N.A. 13 octobre 1935
SYMBOLES DES UNITÉS PRINCIPALES
Ces symboles s'écrivent sans « s » au pluriel
et sans point final - La lettre « s » signifie « seconde »

SYMBOLES DE GRANDEURS MATHÉMATIQUES

égal	=	égal environ	≅
plus petit ou égal à	≤	différent de	≠
plus grand que	>	pour cent	%
plus petit que	<	pour mille	‰

UNITÉS GÉOMÉTRIQUES

1° Longueur

mégamètre	Mm	décimètre	dm
myriamètre	mam	centimètre	cm
kilomètre	km	micron ou micromètre	μm
hectomètre	hm	le mille marin (unité autorisée	
décamètre	dam	à titre provisoire) vaut	1 850 m

2° Superficie

mètre carré	m^2	**Surfaces agraires :**	
décimètre carré	dm^2	hectare	ha
centimètre carré	cm^2	are	a
millimètre carré	mm^2	centiare	ca

3° Volume

mètre cube	m^3	**Mesures de capacité**	
décimètre cube	dm^3	pour liquides, céréales et	
centimètre cube	cm^3	matières pulvérulentes	
millimètre cube	mm^3	hectolitre	hl
		décalitre	dal
		litre (= 1 dm^3)	l
Mesures des bois		décilitre	dl
stère	st	centilitre	cl
décistère	dst	millilitre (= 1 cm^3)	ml

4° Angle plan

angle droit	D	radian : $\left(\dfrac{2\,D}{\pi}\right)$	rd
degré	d ou °	grade	gr
minute d'angle	'	décigrade	dgr
second d'angle	"	centigrade	egr
tour (= 4 D)	tr	milligrade	mgr

UNITÉS DE MASSE

tonne (unité M.T.S.)	t	décigramme	dg
quintal	q	centigramme	cg
kilogramme (unité M.K.S.A.) .	kg	milligramme	mg
hectogramme	hg	microgramme	µg
décagramme	dag	Dans le commerce des pierres précieuses on emploie le carat qui vaut 2 dg.	

UNITÉS DE TEMPS

jour	j	minute	mn
heure	h	seconde	s

UNITÉS MÉCANIQUES

Vitesse	mètre par seconde : m/s nœud : 0,514 m/s environ	Énergie ou Travail	Kilojoule : kJ joule : J erg (= 10^7 J) : erg kilowattheure : kWh wattheure (= 3,6 kJ) : Wh
Accélération	mètre par seconde carré : m/s² centimètre par seconde carrée ou égal : cm/s²	Puissance	kilowattheure : kWh watt : W
Vitesse angulaire	radian par seconde : rd/s tour par seconde : tr/s tour par minute : tr/mn	Pression	hectopièze (ou bar) : hpz (ou b) pièze : pz millipièze (ou pascal) : mpz (ou P)
Fréquence	hertz : Hz		
Masse volumétrique	kilogramme par m³ : kg/m³	Viscosité dynamique	myriapoise : maPo décapoise : daPo poise : Po centipoise : cPo
Force	stène (= 10^3 N) : sn newton (= 10^3 sn) : N dyne = (10^5 – N) : dyne		
Moment	mètre stène = 10^3 m∧Nm∧Sn mètre newton = 10^3 m∧ snm ∧ N	Viscosité cinématique	myriastokes : maSk stokes : Sk centistokes : cSk

UNITÉS ÉLECTRIQUES ET MAGNÉTIQUES

ampère (unité M.K.S.A.)	A	Kilocoulomb	kC
kiloampère	kA	coulomb	C
milliampère	mA	Farad	F
microampère	µA	microfarad	µF
mégavolt	MV	henry (unité M.K.S.A.)	H

kilovolt	kV	millihenry	mH
Volt (unité M.K.S.A.)	µV	microhenry	µH
millovolt	mV	siemens (unité M.K.S.A.)	S
microvolt	µV	weber (unité M.K.S.A.)	Wb
térohm ou téraohm	TΩ	maxwel .... $(10^{-8}$ wb)Mx	
mégohm	MΩ	weber par mètre carré	
ohm (unité M.K.S.A.)	Ω	(unité M.K.S.A.)	Wb/m^2
microhm	µΩ	gauss $(10^{-4}$ $Wb/m^2)$	Gs

UNITÉS CALORIFIQUES

1° Température
degré centésimal .... °C

2° Quantité de chaleur
thermie (unité M.K.S.A.) ..... th
millithermie .... mth
(ou kilocalorie) (unité
M.K.S.A.) .... kcal

microthermie (= 4,18 J env.)
(unité C.G.S.) .... µth
ou calorie (unité C.G.S.) ..... cal
frigorie .... fg
joule (°) .... J
(°) Adopté comme unité M.K.S.A. de quantité de chaleur par la IXe Conférence générale des Poids et Mesures

UNITÉS CALORIFIQUES

candela ou bougie nou-
velle .... cd ou B
candela par cm^2 ou stilb
(= 10^{-4} cd/m^2) .... cd/cm^2
candela au m^2 ou nit .... Kcd/m^2
lumen nouveau .... lu

phot nouveau (10^4 lx) .... phot
lux nouveau lx
dioptrie .... S

SYMBOLES DES PRÉFIXES

(Les préfixes s'écrivent immédiatement avant l'unité,
sans espace ni séparation)

MULTIPLES				SOUS-MULTIPLES			
10^1	10	déca	da	10^1	0,1	deci	d
10^2	100	hecto	h	10^2	0,01	centi	c
10^3	..........1 000	kilo	k	10^3	0,001	milli	m
10^4	........10 000	myria	ma	10^4	................0,000 1	décimilli	dm
10^5	.......100 000	hectokilo	hk	10^5	..............0,000 01	centimilli	cm
10^6	....1 000 000	méga	M	10^6	............0,000 001	micro	µ
				10^{10}	...0, 000 000 000 1	angström	

MÉTROLOGIE DES PRÉ-PACKAGINGS

Qu'est-ce qu'un pré-packaging ?

Un produit est dit préemballé lorsqu'il est conditionné hors de la présence de l'acheteur dans un packaging tel que la qualité du produit ne puisse être modifiée. Un prépackaging est donc l'ensemble d'un produit et de l'emballage dans lequel il est présenté en vue de la vente.

Signification des signes communautaires e et ε (epsilon) (voir planche)

Ils permettent la libre circulation des produits sur lesquels ils sont apposés à l'intérieur de la CEE.

Le signe e

Le signe e peut être apposé sur tout prépackaging sous la responsabilité du conditionneur de ce prépackaging, sous réserve qu'il fasse part de son intention à M. le Chef de bureau départemental du Service des instruments de mesures dont il dépend et qu'il se plie aux mesures statistiques de production exigées.

Ce signe doit être placé dans le même champ visuel que l'indication de la masse ou du volume nominal. Sa hauteur doit être de 3 mm minimum.

Il indique que le conditionneur effectue un contrôle de production et qu'il peut justifier de la conformité de la qualité métrologique.

Le signe ε (epsilon)

C'est le signe garantie de récipient-mesure par le fabricant de contenants : verre, flacon, boîtier métal, etc., dont le conditionneur peut s'aider pour garantir le contenu.

Il garantit qu'un lot de contenant, tel le verre, portant ce signe et considéré comme emballage vide, respecte bien les règles statistiques donnant à ces contenants la qualité d'instruments de mesure.

Applications

De ce fait, pour un préemballage constitué d'un contenant et d'un contenu (une bouteille de vin par exemple) quatre possibilités de métrologie sont envisageables :

1. apposition des signes ε (sur contenant) et e (sur contenu : étiquette ou habillage) ;
2. apposition des signes ε sur le contenant seulement ;
3. apposition du signe e sur le contenu uniquement (étiquette ou habillage) ;
4. pas d'apposition de signe.

Seules les possibilités 1 et 3 permettent une libre circulation douanière du prépackaging considéré à l'intérieur de la CEE, et seules les possibilités 1 et 2 allègent les contrôles à pratiquer par le conditionneur, ceux-ci devant être tenus à la disposition des services de l'administration. La 4e possibilité limite uniquement la libre circulation sur le plan national.

MÉTROLOGIE SIGNES COMMUNAUTAIRES

CONSTRUCTION

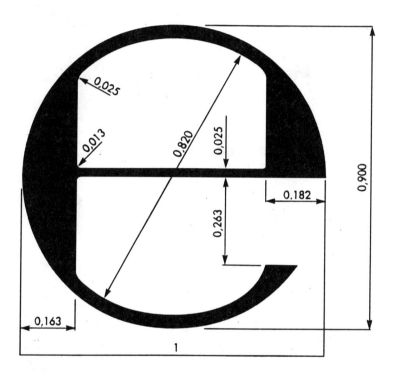

Signe à placer dans le même champ visuel que l'indication de la masse ou du volume nominal

Sa hauteur minimale doit être de 3 mm.

ÉLÉMENT DE BASE POUR REPRODUCTION
- GARANTIE : masse ou volume (contenu)

  e e e

- RÉCIPIENT - MESURE (contenant)

  Ɛ Ɛ ɛ

PICTOGRAMMES

1. PROTECTION DE L'ENVIRONNEMENT

2. RECYCLAGE DES EMBALLAGES

3. MATÉRIAU ALIMENTAIRE

PICTOGRAMMES relatifs au stockage, à la manutention, à l'ouverture des emballages et à l'identification du produit.

Ces pictogrammes sont destinés à symboliser les informations indispensables au bon usage des packagings, évitant ainsi le risque de détérioration du contenu et la perte de temps à l'ouverture et lors de l'extraction du produit.

(Source : USFO)

STOCKAGE/MANUTENTION

OUVERTURE

IDENTIFICATION DU CONTENU

NOMBRE DE COUCHES

ESTAMPILLES SANITAIRES

Pour les produits d'origine animale (produits carnés, produits laitiers, etc.) les estampilles sanitaires doivent figurer sur les packagings selon les exigences réglementaires en vigueur. On devra se reporter aux textes spécifiques pour chaque type de produit.

Dans tous les cas les mentions portées devront être parfaitement lisibles, indélébiles, nettement apparentes. Pour certaines estampilles, des dimensions sont imposées : elles doivent être respectées.

MODÈLES DE BASE POUR REPRODUCTION GRAPHIQUE

Forme extérieure estampille communautaire

Forme extérieure estampille nationale

FABRICATION DU NOUVEAU VOLUME PACKAGING

MODÈLE DE FICHE POUVANT SERVIR A ÉTABLIR LES CARACTÉRISTIQUES DU CONDITIONNEMENT

Type de conditionnement Produit

Répondez par oui ou non aux questions sur les exigences du conditionnement.

Indiquez d'une croix les tests à faire et en face les spécifications auxquelles il doit satisfaire.

Exigences du conditionnement

Le présent conditionnement ne donne-t-il pas satisfaction ?
Une construction spéciale est-elle nécessaire ?
Est-ce seulement un contenant de présentation ?
Doit-il être aussi un contenant d'expédition ?
Doit-il aussi servir au stockage ?
Doit-il protéger contre la casse ?
Doit-il être aussi utilisé comme appareil de distribution ?
Doit-il protéger contre la torsion ?
Doit-il protéger contre l'humidité ?
Doit-il protéger contre les insectes ?
Doit-il protéger contre la lumière ?
Doit-il protéger contre le tassement ?
Doit-il protéger contre la poussière ?
Doit-il éviter les réactions chimiques ?
Doit-il avoir d'autres caractéristiques ?
Doit-il contenir des instructions d'emploi ?
Les conditionnements vides actuels sont-ils faciles à stocker ?
Leur a-t-on déjà apporté des améliorations ?
Sont-ils supérieurs à ceux utilisés par les concurrents ?
Sont-ils économiques à produire ?
Serviront-ils sur le marché national ?
Quel est le délai normal de livraison des conditionnements ?

CONTRÔLE D'UN DOCUMENT D'EXÉCUTION PACKAGING

1. Le respect du tracé de découpe et du plan d'impression

- Par superposition du film de découpe sur le document.
- Par mesure à la règle millimétrique de l'ensemble du format.
- Vérifier les zones à réserver en couleurs, les débords de couleurs, les zones à réserver en textes et illustrations.

2. Le respect du plan d'impression

- Par rapprochement du plan d'impression initial sur le document. Vérifier les zones à réserver en couleurs, les débords de couleurs, les zones à réserver en textes et illustrations.

3. Les sens du matériau et de l'impression du Gencod

- Contrôler le sens marche du support par rapport à la conformation du packaging par rapport à son mode de mise en place sur le produit.
- Vérifier le bon sens de lecture du code EAN par rapport au sens d'impression.
- Vérifier la conformité du code EAN : positionnement, dimension, marge, contraste, couleur, etc.

4. Les textes

- Relire attentivement mot à mot l'ensemble des textes (à 2 personnes de préférence) par rapport au texte dactylographié définitif remis.
- Dans le cas de packaging à plusieurs faces s'assurer du bon sens de lecture des textes sur chacune d'elles.
- S'assurer pour les textes légaux que la législation est respectée : même champ visuel, nature des textes, normes métrologiques, abréviations.
- L'emplacement du ou des datages et les mentions.
- Vérifier particulièrement les mentions et adresses y compris les estampilles sanitaires et signes communautaires.

5. Le calque technique

- Pourcentage des quadrichromies, bendays, etc.
- Référence des couleurs PANTONE ou quadri sur le document.
- Référence des typographies.
- Nombre de couleurs.
- Les filets techniques et/ou à graver (arrêts de couleurs).
- Emplacement code EAN.
- La bonne identification du document.

6. Les cartes à gratter

- Qualité des tracés : régularité d'épaisseur, d'encrage, de conformité eu égard aux plans de découpe et d'impression.
- Points de repérage.

7. Les overlays - notamment :

- Mise en place des illustrations.
- Logos venant à la couleur.
- Out-line de textes et repérage.
- Points de repérage.
- Titres dessinés ou photocomposés.

8. Le « spot de lecture optique »

- Emplacement des repères de limite déterminant la coupe d'un packaging à l'autre (ces repères sont appelés « spots de lecture optique »).

Cette vérification ne s'impose que pour les coupes en continu.

LES SIGNES DE CORRECTION

Ligne à centrer	[LES ROTATIVES]	⌐⌐

Aperçu historique

Les presses à cylindres marquèrent - nous l'avons depuis constaté - un appréciable progrès sur les platines quant aux dimensions des surfaces imprimables. Mais leur vitesse ne pouvait plus guère augmenter car leur conception se heurtait à un facteur de ralentissement rédhibitoire : le mouvement alternatif (celui la platine dans les presses à platines, celui du marbre à cylindre dans les presses).

Or, il fallait aller plus vite. On sait que rapidité et qualité sont rarement conciliables mais il arrive que fonction du but à atteindre dans le des sacrifices soient nécessaires en cas de la presse c'est la rapidité qui prime.

Aussi est-ce en faveur de la presse que furent tentés les premiers efforts visant à remplacer, dans les machines à imprimer, tous les mouvements rectilignes (à temps morts).

ce qui signifie qu'après la platine devenue cylindrique dans les machines à cylindre la forme plane devait à son tour céder la place à une forme cylindrique dans les rotatives. A vrai dire il existait déjà des machines de ce type depuis la fin du XVIIIe siècle, mais elles servaient à imprimer des tissus en bobines.

Réaliser pour elles des formes cylindriques ne présentait pas de difficultés particulières. Les dessins étaient gravés à la main, à la surface même des cylindres d'impression.

Richard BULLOCK construisit la

Extrait de Techniques graphiques

Labels (left margin):

- Ligne à centrer
- Mettre en gras
- Lettre à changer
- Mot à changer
- Lettre à supprimer
- Ligne à sortir
- Mot à supprimer
- Lettre à ajouter
- Lettre à transposer
- Mot à ajouter
- Mots à transposer
- Égaliser l'espacement
- Lignes à transposer
- Ligne à rentrer
- Mettre une lettre accentuée
- Mettre une capitale
- Lettre d'un œil étranger
- Mettre une virgule
- Mettre en romain
- Faire un alinéa
- Augmenter le blanc
- Supprimer l'espace
- Diminuer le blanc
- Espaces à ajouter
- A faire suivre
- Mot biffé à conserver
- Mettre en petites capitales
- Mettre en italique

Symbols (right margin): /y, H déjà, /ſ, ˥, H ſ, ∟ℓ, ∩, ⋀ de, /////, 2, ⅃, /à, /=c, /e, ⋀ ,, ∟romain, ⌐, ¢, ≠, ¦ ptes Cap., ¦ ital.

TABLE DE COMPARAISON DE DENSITÉ POUR CODES A BARRES DESTINÉES A LA LECTURE OPTIQUE EN DISTRIBUTION (Ce tableau s'applique uniquement pour les tons directs Pantone, et non pour des travaux en quadri.)

Source : Association Technique pour la Maîtrise du Code à Barres, Tour Fiat, 1 place de la Coupole, Cedex 16, 92084 PARIS LA DÉFENSE

Mode d'utilisation des indices de densité figurant à côté des numéros Pantone.

Cette table de comparaison a pour but de permettre au maquettiste de mieux apprécier le contraste entre la teinte envisagée pour le fond et celle dans laquelle sera imprimée les barres.
C'est le contraste entre ces deux teintes par rapport au rouge qui est important.

Nous avons défini 4 zones principales:

Densité du Fond	Densité des barres
○ 0,00 à 0,12	● 1,50 et +
⊘ 0,13 à 0,25	◐ 1,11 à 1,49
◒ 0,26 à 0,35	◓ 0,90 à 1,10
⊗ 0,36 à 0,46	◑ 0,60 à 0,89

ATTENTION Le PURPLE et les numéros PANTONE dont la densité se situe entre 0.44 et 0.56 et qui ne figurent pas au tableau ne peuvent être utilisés ni comme teinte de fond ni comme couleur pour l'impression des barres.

○ 100	○ 140	○ 182	○ 224	⊘ 266	● 309	● 349	⊗ 389	⊘ 432	⊘ 469	○ 508	● 547
○ 101	○ 141	○ 183	○ 225	● 267	○ 311	● 350	⊗ 390	○ 433	⊘ 470	⊘ 509	● 548
○ 102	○ 142	○ 184	⊘ 226	● 268	● 312	◑ 351	○ 392	○ 434	⊗ 471	○ 510	● 549
○ 103	○ 143	○ 185	◑ 227	⊘ 269	● 313	◒ 353	○ 393	⊗ 435	⊘ 472	⊘ 511	● 550
⊗ 104	○ 144	○ 186	● 228	⊘ 270	● 314	● 354	○ 394	○ 436	⊘ 473	⊘ 512	⊗ 551
⊘ 105	◑ 145	⊗ 188	◒ 229	○ 272	● 315	● 355	⊘ 395	○ 437	⊘ 474	◑ 513	◑ 552
○ 106	◒ 147	○ 189	○ 230	● 273	● 316	◑ 356	⊘ 396	○ 438	⊘ 475	○ 515	◑ 553
○ 107	○ 148	○ 190	○ 231	● 274	◑ 317	◑ 357	○ 397	○ 439	⊘ 476	○ 515	● 554
○ 108	○ 149	○ 191	○ 232	● 275	◒ 318	◑ 358	○ 399	⊘ 440	◒ 477	⊘ 516	● 555
○ 109	○ 150	○ 192	◒ 233	⊘ 276	● 319	⊗ 360	● 400	○ 441	⊘ 478	◑ 517	○ 556
⊘ 110	○ 151	⊘ 193	◒ 235	⊗ 277	○ 320	◑ 361	○ 401	⊘ 442	○ 479	⊘ 518	● 558
⊗ 111	⊘ 152	◑ 194	○ 236	◒ 279	● 321	◒ 362	○ 403	○ 443	⊘ 480	◒ 519	● 559
⊘ 112	⊘ 154	◑ 195	⊘ 237	● 280	● 322	◒ 363	○ 404	○ 444	⊘ 481	⊘ 520	◑ 560
○ 113	○ 155	○ 196	⊘ 238	● 281	◐ 323	◒ 364	○ 405	⊘ 445	⊘ 482	⊘ 522	◑ 561
○ 114	○ 156	○ 197	● 239	● 282	⊗ 324	○ 365	○ 406	◑ 446	◒ 483	⊘ 523	◑ 562
○ 115	○ 157	○ 198	⊗ 240	● 284	○ 325	○ 366	○ 407	⊘ 447	⊘ 485	⊘ 524	◑ 563
○ 116	○ 158	⊘ 199	◒ 242	● 285	● 326	⊗ 367	⊘ 409	⊘ 448	○ 486	⊘ 525	⊗ 565
⊘ 117	○ 159	⊘ 200	○ 243	● 286	● 327	○ 368	⊘ 410	⊘ 449	⊘ 487	⊘ 526	◑ 566
● 119	◒ 161	◒ 202	○ 244	● 287	● 328	◑ 369	○ 411	○ 450	⊘ 488	◒ 527	● 567
○ 120	○ 162	○ 203	⊘ 245	● 288	● 329	◒ 370	● 412	⊗ 451	○ 489	⊗ 528	● 568
○ 121	○ 163	○ 204	⊘ 246	● 289	● 330	● 371	⊘ 413	⊘ 452	⊘ 490	◑ 529	● 569
○ 122	○ 164	○ 205	⊗ 247	● 290	◑ 331	⊘ 372	○ 414	○ 453	⊘ 491	◑ 530	● 570
○ 123	○ 165	○ 206	◒ 249	◒ 292	⊗ 332	◑ 373	⊗ 415	⊘ 454	⊘ 492	⊘ 531	⊗ 572
○ 124	○ 166	⊗ 207	○ 250	◒ 293	◒ 333	⊗ 374	○ 416	⊘ 455	⊘ 493	⊘ 532	◑ 573
⊗ 125	◒ 168	⊗ 208	⊘ 251	● 294	● 334	◑ 375	⊘ 417	⊘ 456	⊘ 494	⊘ 533	● 574
● 126	○ 169	⊘ 209	⊘ 252	● 295	● 335	◒ 376	⊘ 418	⊘ 457	⊘ 495	◒ 534	● 575
○ 127	○ 170	⊘ 210	○ 253	● 296	◒ 336	◒ 377	⊘ 419	⊘ 458	⊘ 496	◒ 535	● 576
○ 128	○ 171	○ 211	⊘ 255	◒ 298	◑ 337	⊘ 378	⊘ 420	⊘ 459	⊘ 497	⊗ 536	⊗ 578
○ 129	○ 172	○ 212	⊘ 256	◒ 299	◒ 338	○ 379	⊘ 421	⊘ 460	⊘ 498	◑ 537	● 579
○ 130	○ 173	⊘ 213	⊘ 257	○ 300	◒ 339	◒ 380	⊗ 422	○ 461	◒ 499	⊘ 538	● 580
⊘ 131	◒ 174	◑ 214	◒ 258	● 301	● 340	◑ 381	○ 424	◒ 462	◑ 501	● 539	● 581
⊗ 132	◒ 175	⊘ 216	◑ 259	● 302	● 341	⊗ 382	⊘ 425	⊘ 463	◑ 502	◒ 540	◑ 582
○ 133	◒ 176	⊘ 217	◒ 260	● 303	● 342	○ 384	⊘ 426	⊘ 464	⊘ 503	◑ 541	◑ 583
○ 134	○ 177	○ 218	⊘ 261	◑ 304	● 343	◒ 385	⊘ 427	◑ 465	◒ 504	◒ 542	◑ 584
○ 135	○ 178	○ 219	◒ 262	○ 305	● 344	○ 386	⊘ 428	⊘ 466	◒ 505	◑ 543	◑ 585
○ 136	○ 179	⊗ 220	⊘ 263	◒ 306	◒ 346	⊘ 387	⊘ 430	⊘ 467	◒ 506	◒ 545	◑ 586
○ 137	⊗ 180	◒ 222	⊘ 264	● 307	◒ 347	⊘ 388	◒ 431	⊘ 468	⊗ 507	● 546	○ 587
○ 138	○ 181	○ 223	◒ 265	● 308	◒ 348	● Reflex Blue		● Process Blue		● Green	● Black
○ Warm red		○ Rubine Red		○ Rhodamine Red							

VERIFICATION DU CONTRASTE
Le contraste entre la teinte Pantone envisagée comme couleur de fond et celle prévue pour l'impression des barres sera donnée par rapprochement.

○ EXCELLENT ●	⊘ TRES BON ●	◑ BON ●	⊗ PASSABLE ●
○ TRES BON ⊘	⊘ BON ●	◑ FAIBLE ⊘	⊗ TROP FAIBLE ⊘
○ BON ◒	⊘ FAIBLE ◒	◑ TROP FAIBLE ◒	⊗ TROP FAIBLE ◒
○ PASSABLE ⊗	⊘ TROP FAIBLE ◑	◑ TROP FAIBLE ◑	⊗ TROP FAIBLE ◑

LEXIQUE

Aligné au fer à gauche (ou à droite) : se dit d'un texte aligné sur son côté gauche (ou droit).

Aligné en pied : aligné sur la base de la typographie.

Aligné en tête : aligné sur le haut de la typographie.

Aplat : surface encrée avec une couleur unie et uniforme, sans variation de tonalité.

Bas de casse : lettre minuscule.

Benday : procédé qui permet une mise en couleur au niveau de la gravure par superposition de trames.

Bichromie : reproduction d'un document en 2 couleurs (une couleur primaire + noir par exemple).

Blanc tournant : zone d'une largeur constante définie autour d'un document, qui ne comportera pas de texte et dont la limite n'apparaîtra pas physiquement sur le document.

Bon à composer : accord pour composition des textes.

Bon à tirer : accord pour impression.

Bords perdus : impression pleine page sans aucune marge blanche.

Brief : écrit ou oral, c'est l'ensemble des indications ou des consignes relatives à un travail à effectuer.

Bromure : épreuve sur papier photographique.

Calibrage : action de compter le nombre de lettres entrant dans une ligne d'une justification (largeur) déterminée. Par extension, évaluation de l'encombrement d'un texte.

C.A.O. : conception assistée par ordinateur.

Capitale : lettre majuscule.

Caractère : définit le dessin de la lettre.

Cartouche : emplacement généralement rectangulaire délimité par filets techniques et pouvant comporter du texte.

Cicéro : unité de mesure typographique (1 cicéro = 4,5 mm environ).

Cliché : élément de gravure sur métal (en relief) servant à l'impression.

Composition : assemblage mécanique (linotype, monotype) ou électronique (photocomposition) de caractères, constituant un texte destiné à être imprimé.

Compte-fil : loupe permettant de voir la trame d'un imprimé, ou la netteté d'une photo.

Copyright : droit exclusif d'exploiter une œuvre pendant une période déterminée.

Corps : taille d'un caractère d'imprimerie (se mesurant sur une lettre capitale).

Couché (papier) : type de papier (mat et brillant) couramment utilisé pour la réalisation de packagings mais aussi d'imprimés publicitaires.

Coupe : débord de papier (imprimé ou non) sautant au moment de la découpe d'un imprimé à son format définitif.

D.A.O. : dessin assisté par ordinateur.

Demi-teinte : image présentant des tons gris dégradés qui devront être reproduits à l'aide d'une trame (par exemple, photo noire).

Détourage : silhouettage manuel ou électronique d'un sujet.

Document d'exécution : mise au net extrêmement précise de la maquette, reproductible pour l'impression.

Dupli : copie d'une diapositive, d'un ektachrome, de films de photogravure.

Épreuve : feuille imprimée en quelques exemplaires, permettant de juger la qualité des photogravures ou des compositions typographiques qui serviront au tirage principal.

Façonnage : mise en forme définitive d'un packaging, à partir des feuilles d'impression (reliure, rogne...).

Filet : trait d'épaisseur variable servant à souligner, encadrer ou séparer.

Film : support souple et transparent servant à fabriquer les formes imprimantes (plaques).

Film demi-ton : permet d'obtenir toutes les valeurs de gris entre le noir et le blanc (utilisé pour la reproduction d'une image en demi-teinte).

Film trait : permet d'obtenir du blanc et du noir purs seulement (utilisé pour la reproduction des dessins, textes...).

Flexo : procédé d'impression en relief, généralement rotatif avec clichés souples au moyen d'encres à solvants volatiles.

Fond perdu : se dit d'un fond coloré venant sur l'ensemble de la surface à imprimer. Environ 5 mm de débord hors format forment une sécurité pour la découpe.

Gamme ou essai : série d'épreuves de photogravure décomposant, selon un ordre déterminé, les différentes couleurs constituant une reproduction. Lors du tirage, ces épreuves permettent de suivre et de reconstituer, couleur par couleur, la teinte de l'encre et l'intensité de l'encrage.

Gaufrage : relief ou creux marqué dans un papier, à chaud ou à froid.

Grammage : poids d'un papier (exprimé en gramme par mètre carré).

Graisse : épaisseur des lettres d'un caractère d'imprimerie.

Graphisme de marque : c'est la représentation graphique et exclusive d'une marque.

Héliogravure : procédé d'impression par gravure en creux sur cylindre cuivré puis chromé pour améliorer la résistance à l'essuyage mécanique du cylindre par une lame d'acier.

Imposition : opération qui consiste, avant l'impression, à disposer les pages d'un document de telle sorte qu'elles se retrouvent, après façonnage, dans l'ordre défini.

Inactinique : pigment rouge ne laissant pas passer la lumière, se présentant sous forme de film, feutres, peinture, et servant essentiellement en photogravure.

Interlettrage : espace entre les lettres.

Interlignage : espace entre les lignes.

Interligne : espace entre les lignes. Sa disposition et son emplacement constituent l'interlignage.

Internégatif : négatif couleur obtenu à partir d'une diapositive et servant à réaliser des tirages papier couleur.

Italique : lettre inclinée.

Justification : dimension définissant la largeur de la composition. Par extension celle des photos, dessins.

Logotype : c'est l'association du sigle, du graphisme de marque, des filets de liaison, et des couleurs de références.

Manuel d'identité visuelle : il s'agit d'un outil de travail dont la plupart des applications ont été traitées en cas de figure. Il contient les principaux éléments de travail graphiques.

Maquette : projet de mise en page des éléments d'un packaging (textes, visuel) permettant d'en juger la présentation globale.

Maquette en blanc : fabrication d'un exemplaire non imprimé d'un packaging avec le matériau dans lequel il sera réalisé, afin de juger de son aspect global (volume, poids...).

Mise en page : définition précise de la position des textes et visuels à l'intérieur d'une surface.

Moirage : mauvaise qualité d'une image due à la superposition de trames mal orientées.

Montage : opération qui consiste à assembler sur un support les différents éléments d'un packaging (textes, visuels) en fonction de la mise en page définie.

Négatif : film ou papier sur lequel les valeurs du positif sont :
- inversées pour le noir et blanc,
- en couleurs complémentaires pour la couleur.

Noir au blanc : inversion de l'image. Un dessin ou texte en noir sur blanc sera transformé en blanc sur noir.

Positif : film ou ektachrome ou papier sur lequel est représentée l'image réelle du sujet ou l'image que l'on veut obtenir.

Nuancier (Pantone) : édité par les fabricants d'encres, donne, par la combinaison de leurs couleurs de base, l'ensemble des couleurs possibles à obtenir.

Offset : procédé d'impression à partir d'une plaque présensibilisée, sans relief.

Overlay : film transparent qui permet de positionner en superposition des éléments différents à reprendre sur un même document d'exécution (à la place de plusieurs documents).

Ozalid : tirage d'un film par contact sur papier diazo.

P.A.O. : publication assistée par ordinateur.

Passe : quantité supplémentaire à celle du tirage commandé, prévue pour compenser les feuilles nécessaires à la mise au point de l'impression et du façonnage.

Photogravure (noir ou couleur) : procédé photographique permettant de réaliser à partir des documents d'exécution un typon ou cliché de chaque couleur, suivant le procédé d'impression retenu.

Primaires (couleurs) : voir « Quadrichromie ».

Quadrichromie : reproduction d'un document couleur au moyen des trois couleurs primaires (jaune, rouge, bleu aussi appelées yellow, magenta, cyan) auxquelles on ajoute une couleur supplémentaire, le noir.

Réserve : consiste à réserver, dans une partie tramée ou à plat d'une reproduction, un texte ou un dessin à traiter soit en blanc pur, soit dans une couleur déterminée ou bien encore à réserver l'emplacement pour une autre illustration.

Rogne : voir « coupe ».

Romain : lettre droite.

Rough : crayonné de mise en page rapide.

Saturation : dosage de la quantité d'encre à appliquer sur le support.

Sélection : opération de photogravure qui consiste à isoler chaque couleur d'impression d'un document (par exemple sélection quadrichromie).

Sérigraphie : procédé d'impression dérivé du pochoir à base d'écran de soie, remplacé actuellement par des tissus synthétiques ou métalliques.

Sigle : c'est le signe qui identifie l'entreprise.

Simili : image demi-teinte tramée (voir demi-teinte).

Surimpression : impression sur l'impression d'autres couleurs (par exemple texte noir sur aplat de couleur).

Tel : signifie que la reproduction (textes, visuels) doit être à la même dimension que l'original.

Tirage :

– reproduction sur papier d'un document photographique quel qu'il soit.

– production en série de packagings ou d'imprimés.

– nombre d'exemplaires imprimés par journal (quotidien, magazine, etc.).

Ton direct : couleur obtenue directement à l'impression par une encre ou plusieurs encres mélangées (et non par superposition de trames comme pour la quadrichromie).

Trademark (TM) : marque de fabrique.

Trait : image présentant des noirs et des blancs purs sans teintes intermédiaires.

Trait de coupe : indication, sur un document d'exécution, de l'emplacement de la coupe définitive (format « fini »).

Trame : quadrillage très fin que l'on interpose entre l'original et la surface sensible de la gravure d'un document, pour en traduire les nuances en une structure de points reproduisant les valeurs de l'original. Plus le numéro de la trame est grand, plus la trame est fine.

Trichromie : reproduction d'un document en 3 couleurs (2 couleurs primaires + noir par exemple).

Typographie : procédé d'impression qui utilise des caractères ou des clichés en relief. Se dit également d'une composition de textes.

Typon : film négatif ou positif servant à l'impression offset ou autres.

SCHÉMA DE RÉALISATIONS GRAPHIQUES
A PARTIR DE RÉSEAUX ET DE SYSTÈMES INTÉGRÉS

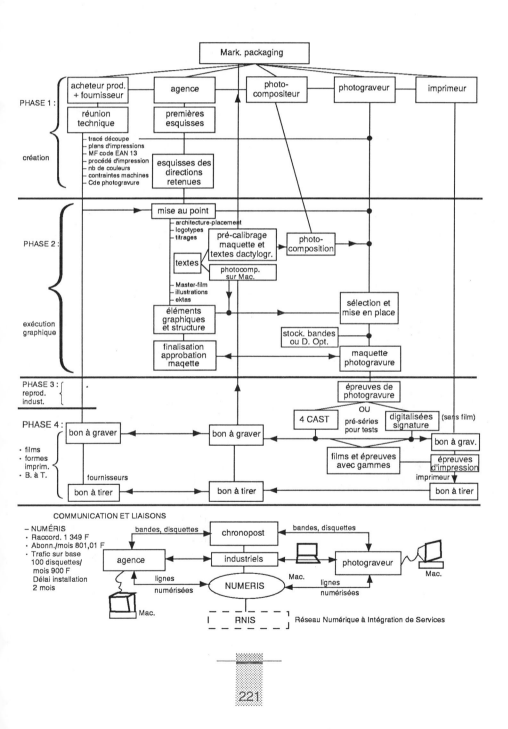

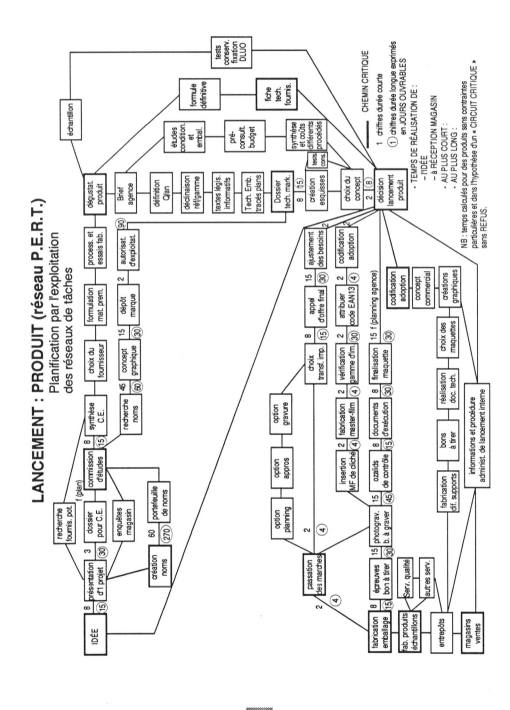

LANCEMENT : PRODUIT (réseau P.E.R.T.)
Planification par l'exploitation des réseaux de tâches

BIBLIOGRAPHIE

- *Le bois, la pâte, le papier*, Pierre Valette et Christian de CHOUDENS, CTP Domaine Universitaire, BP 7110, 38020 Grenoble Cédex, tél. 76-44-82-36.

- *Dictionnaire bilingue de la publicité et de la communication* de Fabienne DUVILLIER, Édition DUNOD.

- *L'Édition électronique*, par Hervé LE CROSNIER, Édition du Cercle de la Librairie : 35, rue Grégoire-de-Tours, 75279 Paris cédex 06, tél. (1) 43-29-21-01.

- *Savoir travailler en groupe*, par J.E. Eitington, Les Éditions d'Organisation 1990.

- *Précis de mise en page*, par Louis GUERY, CFPJ, 29, rue du Louvre, 75002 Paris.

- *Papiers et Impressions - Imprimerie et Arts graphiques* : AFNOR, Tour Europe cédex 7, 92080 Paris la Défense, tél. (1) 42-91-55-55.

- *La Flexographie*, Tome 1, par Guy JOURDANNET, RAG Éditions.

- *Les procédés report-photo en Sérigraphie*, Marcel LEGRAS, Dessain et Tolra, 10, rue Cassette, 75006 Paris.

- *L'univers des photocomposeuses*, par Jacques Robert, cf. collection « Caractère », 40, rue du Colisée, Paris 6e.

- *Conception de l'Imposition*, par J.P. GOBERT, Édition de l'INIAG : 10, rue de Rivoli, 75001 Paris, tél. 42-36-85-25.

- *Comment on imprime*, de G. Baudry et R. Marange, DUNOD, Paris.

- *Le point sur les emballages alimentaires en PVC*, GECOM, Livre Blanc 1978, 65, rue de Prony, 75017 Paris.

- *Les matières plastiques dans l'industrie alimentaire*, par René LEFAUX, cf. Collection « Que sais-je » (Presses Universitaires de France, 108, boulevard Saint-Germain, Paris), *L'imprimerie* de Gérard MARTIN, *Le papier* par René ESCOURRON, *Papier et cellulose* par F. Meyer et L.T. OLMER, *Les rayons X* par A. BOUTARIC.

- *Lexique des Industries graphiques, 1969*, Caractère, cf., 40, rue du Colisée, Paris 6e.

QUELQUES REVUES SUR L'EMBALLAGE

- *Emballage-Digest* (Annuaire 1991 regroupant toutes les sociétés du Secteur Emballage), 142, rue d'Aguesseau, 92100 Boulogne-Biancourt, tél. (1) 46-03-15-54, télécopie (1) 46-03-97-67.

- *Emballage Magazine* (guide de l'emballage parution annuelle), LEP, 59, rue du Rocher, 75008 Paris ; 26, rue du Faubourg Poissonnière, 75010 Paris, tél. (1) 45-23-09-09, télécopie (1) 48-24-34-89.

- *Pack-Info/Groupe SEPAIC*, BP 551, 42, rue du Louvre, 75027 Paris cédex 01, tél. (1) 42-21-85-01.

- *News Pack*, 175, rue d'Aguesseau, 92100 Boulogne.

- *Normatique*, l'actualité sur la normalisation des technologies de l'information ; *Enjeux*, normalisation européenne, Service abonnements AFNOR, Tour Europe, cédex 7, 92049 Paris la Défense, tél. (1) 42-91-55-57.

- *Caractère*, 1, Cité Bergère, 75009 Paris, tél. (1) 48-24-23-24 ou cf. 40, rue du Colisée, 75006 Paris, tél. (1) 40-22-02-70.

- *L'Imprimerie Nouvelle*, 1 cité Bergère, 75009 Paris, tél. (1) 48-24-23-24, télécopie (1) 48-24-34-89.

- *Flexo Europe*, 31, place Saint-Ferdinand, 75017 Paris, tél. (1) 45-74-67-43, télécopie (1) 45-72-63-21.

PRINCIPALES ADRESSES UTILES

Papier - carton - carton ondulé

- ATIP, Association Technique de l'Industrie Papetière, 154, boulevard Haussmann, 75008 Paris, tél. (1) 45-62-11-91, télécopie (1) 45-63-53-09.

- CRIT PAC, Centre de Recherche pour les Industries de Transformation des Papiers et Cartons, Domaine universitaire de Grenoble, BP 43, 38402 Saint-Martin-d'Hères, tél. 76-44-82-36, télécopie 76-44-71-38.

- CTP, Centre Technique du Papier, BP 7110, 38020 Grenoble cédex, tél. 76-44-82-36, télécopie 76-44-71-38.

- Fédération Française du Cartonnage, des Emballages et Produits composites, 15, rue de l'Abbé-Grégoire, 75006 Paris, tél. (1) 45-44-13-37, télécopie (1) 45-48-44-74.

- USFO, Union Syndicale Française du Carton Ondulé, 20, rue Octave-Feuillet, 75116 Paris, tél. (1) 45-24-41-51, télécopie (1) 46-47-55-46.

PLASTIQUES

- FRANPLAST, 65, rue de Prony, 75854 Paris cédex 17, tél. (1) 47-63-12-59, télécopie (1) 47-64-11-25.

- SFP, Syndicat des Films Plastiques, 65, rue de Prony, 75854 Paris cédex 17, tél. (1) 47-63-12-59, télécopie (1) 47-64-11-25.

- Grande Consommation, Syndicat national des fabricants d'articles de grande consommation en matières plastiques, 66, rue Anatole-France, BP 3003, 01103 Oyonmax cédex, tél. 74-77-31-27, télécopie 74-77-80-10.

- CIP CEL, Comité International de la Pellicule Cellulosique, 29, rue de Courcelles, 75008 Paris, tél. (1) 45-63-87-10, télécopie (1) 42-83-23-12.

MÉTAUX

- Chambre Syndicale de l'Aluminium, 30, avenue de Messine, 75008 Paris, tél. (1) 45-63-02-66, télécopie (1) 45-63-61-54.

- Chambre Syndicale des Producteurs de Fer-Blanc, 5, rue Paul-Cézanne, 75008 Paris, tél. (1) 45-63-17-10, télécopie (1) 45-63-74-80.

- LEREM, Laboratoire d'Études et de Recherches des Emballages Métalliques, 3, rue Fernand-Heinaut, 93400 Saint-Ouen, tél. (1) 40-12-51-00, télécopie (1) 40-12-16-46.

VERRE ET EMBOUTEILLAGE

- Fédération des Chambres Syndicales de l'Industrie du Verre, 3, rue de la Boétie, 75008 Paris, tél. (1) 42-65-60-02, télécopie (1) 42-66-23-88.

- Verre Avenir (promotion du verre et recyclage), même adresse.

- CETIE, Centre Technique Industriel de l'Embouteillage, même adresse.

- INE, Institut National de l'Embouteillage, même adresse, tél. (1) 42-65-26-45).

TEXTILES

- FILCORSAC, Syndicat général des fabricants de ficelles, cordages, filets, sacs et tissus à usage industriel, 27, boulevard Malesherbes, 75008 Paris, tél. (1) 42-66-28-05, télécopie (1) 42-65-51-15.

MARKETING ET CONSEIL

- INC, Institut National de la Consommation, 80, rue Lecourbe, 75732 Paris cédex 15, tél. (1) 45-66-20-20, télécopie (1) 45-67-05-93.
- IPC, International Packaging Club, 42, avenue de Versailles, 75016 Paris, tél. (1) 45-24-30-96.

DESIGN

- UFDI, Union Française des Designers Industriels, 101, avenue Raymond-Poincaré, 75116 Paris, tél. (1) 45-01-72-27.

IMPRESSIONS - INDUSTRIES GRAPHIQUES

- FFIIG, Fédération Française de l'Imprimerie et des Industries Graphiques, 115, boulevard Saint-Germain, 75006 Paris, tél. (1) 46-34-21-15.
- ATF, Association Technique pour le développement de la Flexographie, 15, rue de l'Abbé-Grégoire, 75006 Paris, tél. (1) 45-44-13-37, télécopie (1) 45-48-44-74.
- Association Française pour la Promotion de l'Héliogravure (PRO-HELIO).

ENCRES

- Association des Fabricants d'Encres d'Imprimerie, 42, avenue Marceau, 75008 Paris, tél. (1) 47-23-36-12.

RECHERCHE - ESSAIS ET CONTROLES

- INPI, Institut National de la Propriété Industrielle, 26 bis, rue de Leningrad, 75008 Paris, tél. (1) 42-94-52-52, télécopie (1) 42-93-59-30.
- BVT, Bureau de Vérifications Techniques, 43 bis, avenue de la République, 94260 Fresnes, tél. (1) 46-68-50-30.
- LNE, Laboratoire National d'Essais. Département Emballage et Conditionnement, 11-13, avenue Georges-Politzer, 78190 Trappes, tél. (1) 30-51-10-09, télécopie (1) 45-32-80-54.

NORMALISATION ET CODIFICATION

- Association Française de Normalisation, Tour Europe cédex 7, 92080 Paris la Défense, tél. (1) 42-91-55-55.

- GENCOD, Groupement d'Études de Normalisation et de Codification, 13, boulevard Lefebvre, 75015 Paris, tél. (1) 48-28-63-54, télécopie (1) 45-31-09-50.

- ATCB, Association Technique pour la maîtrise du Code à Barres, Tour FIAT, 1, place de la Coupole, Paris la Défense, cédex 16, 92084, tél. (1) 64-49-06-80. Renseignements et correspondance, BP 45, 91620 La-Ville-du-Bois.

PUBLICITÉ ET PROMOTION

- IFEC, Institut Français de l'Emballage et du Conditionnement, 3, rue de la Terrasse, 75017 Paris, tél. (1) 43-80-92-77.

- IFPLV, Institut Français de la PLV (publicité sur le lieu de vente), 40, boulevard Malesherbes, 75008 Paris, tél. (1) 47-42-18-35.

- SNPLV, Syndicat National de la Publicité sur le Lieu de Vente, même adresse.

RÉCUPÉRATION - RECYCLAGE - ENVIRONNEMENT

- Ministère de l'Industrie et de l'Aménagement du Territoire, Délégation à l'Information et la Communication, 101, rue de Grenelle, 75700 Paris cédex, tél. (1) 45-56-34-93.

- GECOM, Groupement d'Étude pour le Conditionnement Moderne, M. Gilbert CHRÉTIEN, 65, rue de Prony, 75854 Paris cédex 17, tél. (1) 47-63-12-59.

- Association Progrès et Environnement, 13, rue Paul-Valéry, 75116 Paris, tél. (1) 45-83-03-75.

- FNAD, Fédération Nationale des Activités du Déchet, 72, rue d'Amsterdam, 75009 Paris, tél. (1) 42-85-26-30.

- Verre Avenir (cf. rubrique Verre et Embouteillage).

Table des matières

Chapitre 3 - LE PACKAGING DANS LE MARKETING MIX

Chapitre 4 - LA SOUS-TRAITANCE

Chapitre 5 - COMMENT TRAVAILLER AVEC LES DIFFÉRENTS PROFESSIONNELS DU PACKAGING ET QU'ATTENDRE DE LEURS SERVICES

REMERCIEMENTS

Je tiens à remercier tout particulièrement :

François LEFÈVE, Directeur du Marketing de la société VP SCHICKEDANZ (marques « DEMAK'UP », « SANYS ») pour son travail de relecture et ses remarques qui m'ont permis de parfaire cet ouvrage ; Alexandre KHAN, Président Manager de PRETESTING EUROPE, pour ses informations sur les tests packagings ;

Hélène MERGUI, Chef de Produit Marketing, pour son aimable collaboration ;

L'équipe créative de C'CAPITAL, Agence de Design Packaging, pour la conception de la couverture de ce livre ; Florence CONSTANS, Chef de Fabrication, pour ses précieuses indications techniques, et Frank LABARRE, Chef de Studio de C'CAPITAL.

Pour la réglementation détaillée et relative à chaque marché,
il est indispensable de consulter les textes juridiques correspondants.

Compédit Beauregard s.a.
IMPRIMERIE B. GALLIER
61600 LA FERTÉ-MACÉ · TÉL. 33 37 08 33

Dépôt légal 1re édition : 1er trimestre 1991
Dépôt légal : septembre 1995
N° d'Imprimeur : 1934